Michael Reepen (Hrsg.)
In dir ist Licht und Leben

Michael Reepen (Hrsg.)

In dir ist Licht und Leben

Ein österliches Lesebuch
aus dem Kloster

Lesejahr B

Vier-Türme-Verlag

Bibliographische Information der Deutschen Bibliothek
Die Deutsche Bibliothek verzeichnet diese Publikation in der Deutschen
Nationalbibliographie. Detaillierte bibliographische Daten sind im Internet
über http://dnb.ddb.de abrufbar.

1. Auflage 2009
© Vier-Türme GmbH, Verlag, Münsterschwarzach 2009
Texte aus der Einheitsübersetzung der Heiligen Schrift
© Katholische Bibelanstalt, Stuttgart 1980
Alle Rechte vorbehalten

Lektorat: Dr. Richard Reschika
Umschlaggestaltung: Elisabeth Petersen, München
Umschlagmotiv: Robert Dayton / AGE / F1online.de
Gesamtherstellung: Friedrich Pustet KG, Regensburg
ISBN 978-3-89680-407-5

www.vier-tuerme-verlag.de

Inhalt

Michael Reepen

Vorwort

Seit einigen Jahren haben wir in Münsterschwarzach ein großes
Steinlabyrinth. Immer wieder sehe ich, wie Menschen oft sehr
andächtig den verschlungenen Weg zur Mitte gehen. Wir greifen
da eine Tradition auf, die früher in den Klöstern und Kirchen sehr
präsent war.

In vielen alten Kirchen stößt man auf künstlerische La-
byrinth-Darstellungen als Spiegel menschlichen Lebens und
Suchens. Das Zentrum eines solchen Labyrinths symbolisiert
dabei häufig die Heilserwartung in Form des himmlischen Je-
rusalems. Auf den Bodenlabyrinthen gotischer Kathedralen
fanden im Mittelalter auch religiöse Tänze in der Art einer
sinnbildlichen Wallfahrt statt. An Ostern wurden – etwa in den
großen französischen Kathedralen von Amiens, Chartres oder
Reims – sogenannte Ostertänze aufgeführt, in den Klöstern
oft im Kreuzgang: Nach der Ostervesper tanzte der Dekan im
Dreischritt durch das Bodenlabyrinth und warf einen golde-
nen Ball als Symbol der Auferstehung Christi und der neuen
Schöpfung den anderen Klerikern oder Mönchen zu, die sich
im Kreis um das Labyrinth bewegten. In diesen Tänzen fand
der Osterjubel über die Auferstehung Jesu einen ausgelassen-
feierlichen Ausdruck.

Auch wenn von dieser alten Tradition nicht mehr viel übrig
geblieben ist, haben Christinnen und Christen auch heute al-

len Grund zur Freude: Die Auferstehung Jesu gibt uns die Gewissheit, dass der Tod nicht das letzte Wort hat, sondern die Liebe stärker ist als der Tod. An Ostern entscheidet sich gewissermaßen alles. An erster Stelle der Gottesglaube, denn in der Auferweckung Jesu von den Toten hat Gott entscheidend gehandelt. Er hat sich dadurch als jener rettende Gott, als jener Abba-Vater bedingungslos liebender Zuwendung offenbart, als den Jesus ihn verkündigt hat.

Durch das österliche Geschehen lässt Gott den »alten«, dem Tod verfallenen Menschen zu einem »neuen Menschen« des ewigen Lebens werden. Jesus Christus ist dabei das Urbild dieses neuen Menschen. In Ostern begründet sich aber auch die christliche Zukunftshoffnung, und zwar nicht nur für den einzelnen und die Kirche, sondern für die gesamte Menschheit. Zusammen mit der Geistsendung an Pfingsten wird Ostern mithin zur tragenden Hoffnung dafür, dass die menschliche Geschichte ein Ziel hat: das Kommen des Reiches Gottes, das mit Jesu Wirken schon angebrochen ist.

Vierzig Tage bereiten die Gläubigen auf das jährlich stattfindende Osterfest vor. Ein bewusstes Miterleben, ja Durchleben dieser Zeit, die mit dem Aschermittwoch beginnt, konfrontiert einen nicht nur mit den eigenen dunklen Seiten – mit dem Leiden, Scheitern und der Endlichkeit des Lebens –, sondern auch mit Erfahrungen befreiender Reinigung und Neuwerdung, mit Hoffnung und Zuversicht, mit dem Leben und dem Licht.

Das vorliegendes Buch versteht sich als klösterlicher Begleiter durch die Fasten- und Osterzeit, die erst mit Pfingsten, mit der Wirkung des Heiligen Geistes, ihren krönenden Abschluss findet. Wir Mönche von Münsterschwarzach laden Sie ein, mit uns diese wohl intensivste Zeit des Jahres mitzuerleben. Mögen Ihnen die folgenden Beiträge in all ihrer individuellen Mannigfaltigkeit neue, inspirierende Perspektiven auf der labyrinthischen Suche nach dem Leben eröffnen.

Zu allen Sonntagen und geprägten Tagen der Fasten- und Osterzeit finden Sie, liebe Leserin und lieber Leser, auf den folgenden Seiten Impulse, die auf einen der liturgischen Tagestexte Bezug nehmen. Die anschließenden Fragen wollen zugleich eine Brücke zu Ihrem Alltag schlagen und Ihnen helfen, den in den Texten angedeuteten Weg weiterzugehen. Ich wünsche Ihnen, dass Sie dabei immer mehr von diesem neuen Licht und Leben spüren dürfen.

Meinrad Dufner

Farbe bekennen

Aus der Welt des Kartenspiels kommt die Redewendung »Farbe bekennen«. Der Spieler offenbart sein Kartenblatt, indem er einer Farbe den Vorzug gibt, damit sie das Spiel bestimme als Trumpf. Im übertragenen Sinn heißt »Farbe bekennen«, meine Meinung, meine Werte, meine Entscheidung mitzuteilen, damit andere wissen, mit wem sie es zu tun haben.

Die Liturgie der Fastenzeit führt uns durch drei Farbwelten, die jeweils ganz andere Akzente setzen. Vom Aschermittwoch bis zum Palmsonntag kleiden sich Priester und Messdiener in violette Gewänder. Am Palmsonntag und am Karfreitag wird die Farbe Rot getragen. Gründonnerstagabend und die ganze Osterzeit strahlt das lichte Weiß. Schließlich taucht das Pfingstfest wieder alles in ein vitales Rot. Dieser Farbenwechsel will nicht weniger als die Texte dieser Zeiten bedeutungsträchtig sein und die mitfeiernden Menschen erreichen. Deshalb spreche ich die Einladung aus, den Fasten- und Osterweg bis Pfingsten einmal durch dieses Prisma mit seinem Farbspektrum anzuschauen.

Farben verbreiten Stimmung, schaffen eine Atmosphäre im Raum, interpretieren Vorgänge, wecken Gefühle, lassen darin wohnen oder erzeugen Ablehnung, Abgrenzung und Kontrast. Immer sind wir von Farben umgeben, in farbiges Licht getaucht, leuchten wir selbst in unseren Farben, verfärben uns gar selbst, verraten uns durch unsere Farben.

Jede und jeder weiß, wie stark die Farbe der Kleider, die man trägt, nach außen wie nach innen wirkt. In traditionellen Kulturen verriet die Farbe meinen Stand (ledig, verheiratet) oder meine persönliche Situation (in Trauer, auf Brautschau) oder meine soziale Stellung (Kleriker, Beamter, Freier oder Leibeigener) und anderes mehr. Entsprechend wollen die liturgischen Farben die Gemeinde und den Einzelnen »färben«. Indem sich alle unter einer Farbe sammeln, sich einer vorgegebenen Farbe anschließen, sich eine Zeit einer Farbe aussetzen, nehmen sie diese Farbe gleichsam an. Was heißt es also, sich vierzig Tage lang im Violetten einzurichten? Was heißt es, am Karfreitag in Rot einzutauchen? Ein weißes Kleid zu tragen, Weißen Sonntag zu feiern, Taufkandidat, also weiß gekleidet für die Taufe (candidus = weiß) zu sein, Osterkleider zu tragen? Die Liturgie ist das sinnliche Spiel einer geistigen Beziehung. Jede Freundschaft, jede Ehe weiß darum, die innere Wirklichkeit bedarf der sinnlichen, körperlichen Zeichen, der Vorgänge und Handlungen. Ohne Medium bleibt alles im Ungreifbaren. Wie das Wort, das Bild und die Musik Geist mitteilbar und austauschbar machen, so auch die Manifestation der Gottesbeziehung im Schreiten und Singen, im Erheben oder sich Beugen, im körperlichen Gebetsvollzug. Die Färbung aber setzt das Vorzeichen: Die Trumpffarbe bestimmt das Spiel.

Anselm Grün

Frühjahrsputz für die Seele
Aschermittwoch

Auch jetzt noch – Spruch des Herrn: Kehrt um zu mir von ganzem
Herzen mit Fasten, Weinen und Klagen. Zerreißt eure Herzen, nicht
eure Kleider, und kehrt um zum Herrn, eurem Gott! Denn er ist
gnädig und barmherzig, langmütig und reich an Güte, und es reut
ihn, dass er das Unheil verhängt hat. Vielleicht kehrt er um, und es
reut ihn, und er lässt Segen zurück, so dass ihr Speise- und Trankopfer
darbringen könnt für den Herrn, euren Gott. Auf dem Zion stoßt in
das Horn, ordnet ein heiliges Fasten an, ruft einen Gottesdienst aus!
Versammelt das Volk, heiligt die Gemeinde! Versammelt die Alten,
holt die Kinder zusammen, auch die Säuglinge! Der Bräutigam ver-
lasse seine Kammer und die Braut ihr Gemach. Zwischen Vorhalle
und Altar sollen die Priester klagen, die Diener des Herrn sollen spre-
chen: Habt Mitleid, Herr, mit deinem Volk, und überlass dein Erbe
nicht der Schande, damit die Völker nicht über uns spotten. Warum
soll man bei den Völkern sagen: Wo ist denn ihr Gott? Da erwachte
im Herrn die Leidenschaft für sein Land, und er hatte Erbarmen mit
seinem Volk.

Joël 2,12–18

Die Fastenzeit beginnt am Aschermittwoch mit einem eindrucks-
vollen Zeichen. Nach dem Evangelium der Eucharistiefeier wird
die Asche gesegnet und dann treten die Gläubigen vor, um das

Aschenkreuz zu empfangen. Die Asche gilt seit jeher als Zeichen der Buße und Umkehr und der Trauer. Und mit Asche hat man Gefäße gereinigt. Die Asche gibt also an, worum es in der Fastenzeit geht. Da geht es einmal um die Reinigung von Leib und Geist. Das Fasten entschlackt den Körper. Es ist eine medizinische Reinigungskur. Aber diese äußere Reinigung muss mit innerer Reinigung einhergehen. Es gilt, die Emotionen zu reinigen von den Verschmutzungen, die wir täglich durch die vielen Stimmungen erleben, die von außen auf uns einströmen und sich mit unseren Gefühlen vermischen. Es gilt, die Sprache zu reinigen von allen verletzenden, bewertenden, verurteilenden und vorwurfsvollen Worten.

Wenn der Priester das Aschenkreuz auf das Haupt der Gläubigen streut, dann kann er entweder die alte Formel benutzen: »Bedenke, Mensch, dass du Staub bist und wieder zum Staub zurückkehren wirst.« Oder aber die andere: »Kehre um, und glaube an das Evangelium.« Die erste, ältere Formel erinnert den Menschen daran, dass er Mensch ist, von der Erde genommen und zur Erde zurückkehrend. Die Asche erinnert ihn an seine Sterblichkeit und Vergänglichkeit. Sie ist zugleich ein Bild der Trauer. Die Trauer gehört wesentlich zum Menschen. Jede Zeit des Kirchenjahres ist eine therapeutische Zeit. Die Fastenzeit ist einmal die Zeit der Reinigung, die Leib und Seele guttut. Aber zur therapeutischen Dimension dieser Zeit gehört auch die Trauer. Dabei geht es nicht nur darum, den Verlust von lieben Menschen zu betrauern, sondern seine eigene Durchschnittlichkeit. Die Asche will uns an unsere Erdenschwere erinnern. Trotz aller geistigen Höhenflüge sind wir hinfällige Menschen, Menschen, die oft genug bestimmt werden von ihrer Trägheit, von ihren Trieben, von rein irdischen Bedürfnissen. Betrauern muss ich aber auch all die verpassten Chancen, die Brüche meines Lebens, das Zurückbleiben hinter meinen Idealen, das Scheitern meiner Lebensträume. Das Aschenkreuz lädt uns ein, unser Leben in seiner Durchschnittlichkeit zu betrauern, nicht nur auf der persönlichen Ebene, sondern auch in unserem Miteinander, in der Partnerschaft, in der Familie, in der Gemeinschaft. Nur wenn ich bereit bin, mich selbst und mein Miteinander mit den anderen zu betrauern, werde ich auch das Positive in mir und im Miteinander entdecken. Ich werde dann in aller Demut wahrnehmen können, was in mir an guten Möglichkeiten steckt. Und ich werde dankbar auf die Ehe und auf die Familie schauen. Immerhin haben wir diese vielen Jahre miteinander ausgehalten. Wir haben vieles gut gemacht. Und wir stützen einander, trotz aller menschlichen Begrenztheit. Wer nicht bereit ist, die Banalität seines Lebens zu betrauern, der wird entweder jammern, dass sein Leben so geworden ist, wie es ist, oder aber er wird andere anklagen. Der Ehepartner ist schuld an meiner Misere. Viele bleiben im Selbstmitleid stecken, anstatt im Betrauern durch den Schmerz hindurchzugehen und so auf den Grund der Seele zu gelangen. Wer im Selbstmitleid badet, der berührt lediglich die Oberfläche des Schmerzes. Das Betrauern geht hindurch und dringt zum Grund der Seele vor, auf dem wir den Reichtum unserer Begabungen und Fähigkeiten entdecken und all das, was Gott uns schon in diesem Leben geschenkt hat.

Die biblische Formel »Kehre um, und glaube an das Evangelium!« erinnert uns an die Buße und Umkehr, um die es in der Fastenzeit geht. Dieses Wort entspricht dem ersten Wort Jesu, mit dem er seine Verkündigung begonnen hat: »Die Zeit ist erfüllt, das Reich Gottes ist nahe. Kehrt um, und glaubt an das Evangelium.« (Mk 1,15) Das griechische Wort metanoeite heißt eigentlich: denkt um. Die Umkehr beginnt beim Denken. Wer falsch denkt, der lebt auch nicht richtig. Das Wort Jesu erinnert uns daran, dass wir oft nicht angemessen über uns und die Wirklichkeit denken. Jesus will uns die Augen öffnen, damit wir richtig hinschauen. Die Gnosis, die im ersten Jahrhundert viele Christen fasziniert hat, sprach davon, dass der Mensch gleichsam in einem Schlafzustand oder aber betrunken durch die Welt gehe. Gnosis – Erkenntnis, Erleuchtung – heißt, dass ich die Augen öffne und die Wirklichkeit so sehe, wie sie ist. Für Jesus heißt das, Gott in allem und hinter allem zu sehen, zu erkennen, dass Gottes Reich nahe ist. Gott herrscht über diese Welt. Gott will auch in mir herrschen. Wenn Gott in mir herrscht, dann komme ich zu meinem wahren Wesen, dann erst werde ich wahrhaft Mensch.

Aber auch das deutsche Wort »Umkehr« hat eine tiefe Bedeutung. Wir gehen oft falsche Wege. Wir meinen, wir seien auf dem richtigen Weg. Aber er führt in die Irre. Oder aber er geht nicht weiter. Es ist eine Sackgasse, in der wir stecken. Die Fastenzeit will uns einladen, von Wegen umzukehren, die nicht weiterführen, und für uns einen Weg zu suchen, der uns zu Gott und in die eigene Wahrheit führt. Umkehr und Buße gehören zusammen. Das deutsche Wort »Buße« klingt für uns heute sehr streng. Aber eigentlich kommt »Buße« von »besser«. Buße heißt also, es besser machen. Das, was wir bisher leben, ist nicht ganz schlecht. Aber es könnte besser sein. Die Fastenzeit ist eine Trainingszeit, in der wir manches besser machen möchten. Wir sollen uns gleichsam ein Trainingsprogramm aufstellen und überlegen, was wir besser machen möchten. Der eine beginnt mit der Ernährung, auf die er bewusster achten möchte. Der andere sieht seinen Terminkalender durch und überlegt, wo er sich mehr Freiräume schaffen könnte. Ein anderer nimmt sich vor, mehr zu beten oder zu meditieren. Für einen anderen geht es in der Fastenzeit darum, die menschlichen Beziehungen zu verbessern, sich mehr um die Kinder zu kümmern und mehr Zeit für die Familie zu reservieren oder aber Konflikte mit Arbeitskollegen zu klären.

Die Fastenzeit will keine düstere Zeit sein, sondern eine Trainingszeit, die uns Lust macht, wieder selbst zu leben, anstatt gelebt zu werden, bewusster zu leben, freier zu werden von Abhängigkeiten, innerlich klarer zu werden. Alles, was unser Leben eingetrübt hat, was unser Denken und Fühlen getrübt hat, soll gereinigt werden. Die Fastenzeit ist gleichsam ein Frühjahrsputz für die Seele. So wie die Hausfrau/der Hausmann nach dem Frühjahrsputz, in dem sie/er auch manches Überflüssige im Haus entsorgt hat, sich innerlich frei und wohl in ihrem/seinem Haus fühlt, so sollen auch wir uns durch die Fastenzeit wieder im Haus unseres Leibes und unserer Seele wohl fühlen. Das Aschenkreuz lädt uns dazu ein, diese Zeit bewusst zu beginnen und als Chance zu nutzen, unser Leben zu reinigen, umzudenken, umzukehren und durch das Betrauern an die eigene innere Kraft und an das Potenzial unserer Fähigkeiten zu gelangen. Dann wird es eine gesegnete, heilende und heilsame Zeit für uns werden.

Zum Nachdenken

■ Wo liegen die Brüche und die verpassten Chancen meines Lebens? Wo bin ich hinter meinen eigenen Idealen zurückgeblieben? Warum sind meine Lebensträume gescheitert?

■ Was möchte ich in meinem Leben und im Leben meiner Nächsten künftig besser machen?

■ Wie sähe ein Frühjahrsputz für meine Seele aus? Was müsste ich konkret entsorgen und (be-)reinigen, damit ich mich wieder wohl fühlen kann?

Meinrad Dufner

Ein noch nie aufgeführtes Theaterstück,
das aber allgemein schon bekannt ist.

I. Akt:
Ein 40-tägiger Bühnenumbau, bestehend darin,
dass alles in violette Farbe getaucht wird

Das Rot von Lippen, die, zu voll
genommen, Liebe sagten und
nicht hielten, es muss sich
mit der Besinnung Blau vermischen.

Die blutig gewordene Hand des Kampfes,
des Krieges braucht Kühlung im Blau.

Die heiße Glut aus Feuer, Eifer,
Hetze und Hast,
sucht Rast.

Pulsierendes Leben, samt den Herzen,
die den Kreislauf pumpen,
wollen schlafen,
sich läutern,
sich ausruhen im unendlichen Blau,
das nicht Takt, nicht Maß verträgt.

Und umgekehrt
drückt heftiges Blau als Geist,
als Besinnung, Tiefe und Ewigkeit
ins Erdhafte herein.

Würden nicht Abend für Abend
und Nacht für Nacht alle Dinge sich ins
Dunkelviolett verschatten dürfen,
sie würden sich wund reiben.

So auch der Mensch.
Jetzt wird er in Schweigen gehüllt,
jetzt dürfen ungeweinte Tränen laufen.
Jetzt brauchen die Tische nicht überzuquellen
von Speisen und Wein.
Brot,
Wasser,
weniger reinigen Seele und Leib.

Im Blau, das sich beimischt,
wird alles verwandelt,
gerät in Übergang.
»Lila, der letzte Versuch«
meint hier nicht das verbissene Jung-bleiben-Dürfen,
es meint die Reifung
zur größeren Einheit von Blut und Geist,
von Erde und Himmel.

Wie der Amethyst Einblick
ins Tiefere, Ferne, noch Unbewusste verspricht,
so verhüllt und enthüllt das Violett
den Raum jener Welt, in der Schöpfung und

Schöpfer miteinander Zwiesprache halten.
Die Erde
wird ihres himmlischen Ursprungs gewahr.
Der zu große blaue Himmel beginnt,
sich im Blutig-Konkreten zu ergießen.
Erlösung senkt sich von oben herab.

Eine Zeit des Läuterns und Änderns ist angebrochen.
Eine Zeit, die den zeitlosen Maßen verpflichtet ist.

Alle Jahre wieder
und auch unversehens als Anruf des Lebens
kommt dieser 40-tägige, zeitlose Umbau über uns.
Die ganze Bühne, Requisiten
und Spieler werden violett gefärbt.

Anselm Grün

Das Materielle mit dem Geistigen verbinden
Erster Fastensonntag

Dann sprach Gott zu Noach und seinen Söhnen, die bei ihm waren:
Hiermit schließe ich meinen Bund mit euch und mit euren Nach-
kommen und mit allen Lebewesen bei euch, mit den Vögeln, dem
Vieh und allen Tieren des Feldes, mit allen Tieren der Erde, die mit
euch aus der Arche gekommen sind. Ich habe meinen Bund mit euch
geschlossen: Nie wieder sollen alle aus Fleisch vom Wasser der Flut
ausgerottet werden; nie wieder soll eine Flut kommen und die Erde
verderben. Und Gott sprach: Das ist das Zeichen des Bundes, den
ich stifte zwischen mir und euch und den lebendigen Wesen bei euch
für alle kommenden Generationen: Meinen Bogen setze ich in die
Wolken; er soll das Bundeszeichen sein zwischen mir und der Erde.
Balle ich Wolken über der Erde zusammen und erscheint der Bogen
in den Wolken, dann gedenke ich des Bundes, der besteht zwischen
mir und euch und allen Lebewesen, allen Wesen aus Fleisch, und das
Wasser wird nie wieder zur Flut werden, die alle Wesen aus Fleisch
vernichtet.

Gen 9,8–15

Denn auch Christus ist der Sünden wegen ein einziges Mal gestorben, er, der Gerechte, für die Ungerechten, um euch zu Gott
hinzuführen; dem Fleisch nach wurde er getötet, dem Geist nach
lebendig gemacht. So ist er auch zu den Geistern gegangen, die im

Gefängnis waren, und hat ihnen gepredigt. Diese waren einst ungehorsam, als Gott in den Tagen Noachs geduldig wartete, während die Arche gebaut wurde; in ihr wurden nur wenige, nämlich acht Menschen, durch das Wasser gerettet. Dem entspricht die Taufe, die jetzt euch rettet. Sie dient nicht dazu, den Körper von Schmutz zu reinigen, sondern sie ist eine Bitte an Gott um reines Gewissen aufgrund der Auferstehung Jesu Christi, der in den Himmel gegangen ist; dort ist er zur Rechten Gottes, und Engel, Gewalten und Mächte sind ihm unterworfen. (1 Petr 3,18–22) Danach trieb der Geist Jesus in die Wüste. Dort blieb Jesus vierzig Tage lang und wurde vom Satan in Versuchung geführt. Er lebte bei den wilden Tieren, und die Engel dienten ihm. Nachdem man Johannes ins Gefängnis geworfen hatte, ging Jesus wieder nach Galiläa; er verkündete das Evangelium Gottes und sprach: Die Zeit ist erfüllt, das Reich Gottes ist nahe. Kehrt um, und glaubt an das Evangelium! (Mk 1,12–15)

Es ist eine eigenartige Erzählung, die uns Markus überliefert. In der Taufe hat Jesus den Geist empfangen. Der Geist wirft Jesus nun hinaus in die Wüste. Die Wüste ist für Markus wie für die damalige Zeit ein Ort, an dem die Dämonen hausen. Dort, wo das Dunkle und Böse herrscht, dorthin treibt der Geist Jesus. Markus gibt damit das Ziel seines ganzen Evangeliums an: Jesus ist der von Gott Gesandte, der die Macht der Dämonen besiegt und dadurch die Menschen befreit zu ihrem wahren Wesen.

Am Kreuz wird Jesus die Mächte der Finsternis überwinden. Doch zu Beginn seines Wirkens muss er sich ihrer Macht stellen. Der Geist treibt ihn mitten in ihren Herrschaftsbereich. Dort bleibt Jesus vierzig Tage. Israel war vierzig Jahre in der Wüste und ist dort der Versuchung des Satans immer wieder erlegen. Jesus besteht die Versuchung. Mit zwei Bildern deutet uns Markus an, worin die Versuchung Jesu besteht. Jesus lebte bei den wilden Tieren und Engel dienten ihm.

Die wilden Tiere stehen im Traum und im Märchen immer für das Triebhafte, für das Wilde und Ungebändigte. Der Mensch kann zum wilden Tier werden. Er kann sich von seinen Aggressionen, von seiner Sexualität so bestimmen lassen, dass er wie ein Tier agiert.

Doch die wilden Tiere werden im Märchen auch zu Helfern. Sie stehen dem Königssohn bei in Gefahr und helfen ihm, die Aufgaben zu bestehen, die ihm das Leben stellt. Jesus lebt offensichtlich friedlich mit diesen wilden Tieren. Er hat das Wilde und Aggressive in sich integriert. Es dient ihm, seinen Auftrag angemessen zu erfüllen. Die erste Versuchung Jesu besteht also darin, sich von der wilden Kraft beherrschen zu lassen. Die zweite Versuchung ist nicht minder gefährlich. Der Mensch ist immer auch versucht, zum Engel zu werden. Engel schauen immerdar das Antlitz Gottes. Sie stehen daher für die spirituelle Seite des Menschen, für seine Gottessehnsucht.

Manch einer möchte gerne ein rein geistiges Wesen sein, das nur auf Gott ausgerichtet ist. Er identifiziert sich so sehr mit seiner spirituellen Seite, dass er die aggressive, die tierische Seite in sich verdrängt. Er schwärmt dann von einem engelgleichen Leben und merkt gar nicht, wie er von dem wilden Tier in sich bestimmt wird. Seine Spiritualität bekommt eine aggressive und autoritäre Seite. Diese Gefahr sehen wir heute bei vielen Gurus gegeben. Jesus widersteht dieser Versuchung. Er verbindet beide Pole, die wilden Tiere und die Engel.

Markus drückt das aus in den einfachen Worten: »Er lebte bei den wilden Tieren und Engel dienten ihm.« Jesus lebte zusammen mit den wilden Tieren. Er hat seinen Leib mit seinen Trieben in seine Person integriert. Die Engel dienten Jesus. Jesus ist nicht der Versuchung erlegen, sich als Engel zu gebärden. Die Engel dienten ihm vielmehr. Sie nährten ihn. Jesus hat das Geistige und das Materielle, das Göttliche und das Menschliche in sich mitein-

ander verbunden. Und so zeigt er uns den Weg in dieser Fastenzeit. Unser Menschsein wird nur gelingen, wenn wir in uns die
beiden Pole verbinden: die wilden Tiere und die Engel, die Kraft
der Vitalität und die Gottesschau der Engel. Nur in dieser Spannung zwischen den beiden Polen folgen wir Jesus nach.

Nach vierzig Tagen geht Jesus verwandelt aus der Wüste heraus. Er hat in die Abgründe der Bosheit und Finsternis geschaut.
Er ist der Macht der Dämonen begegnet. Jetzt beginnt er zu pre-
digen. Und es sind einfache Worte, die er sagt, aber zugleich Worte, die wir nie ganz verstehen werden: »Die Zeit ist erfüllt, das
Reich Gottes ist nahe.«

Die Mystiker haben gerne über die Fülle der Zeit gepredigt,
allen voran Meister Eckhart. Wenn Gott einbricht in unsere Zeit,
dann ist die Zeit erfüllt, dann fallen Zeit und Ewigkeit zusammen, dann kommt die Zeit mit ihrem ständigen Fluss zum Stehen, dann ist reiner Augenblick, reine Gegenwart. Gott – so sagt
Jesus – ist nahe. Gottes Reich ist nahe. Gott ist die eigentliche
Wirklichkeit. Gott ist in allem. Du musst Gottes Nähe nicht
durch das Halten der Gebote herbeiführen. Gott ist schon da.
Wir wundern uns vielleicht, dass Jesus uns nicht mehr von Gott
sagt. Aber die Tatsache, dass Gottes Reich nahe ist, dass Gott in
dieser Welt schon herrscht, das ist für Jesus die entscheidende
Botschaft.

Aber diese Botschaft braucht eine angemessene Reaktion
von unserer Seite her. Jesus fordert uns daher auf: »Kehrt um,
und glaubt an das Evangelium.« Das griechische Wort für umkehren metanoeite heißt eigentlich: »Denkt um, ändert euer
Denken. Seht hinter die Dinge, dann werdet ihr Gottes Nähe
erkennen. Macht die Augen auf. Gott ist da. Er ist die eigentliche Wirklichkeit.« Die zweite Forderung heißt im Griechischen:
»Glaubt im Evangelium.« Auch das ist wieder ein eigenartiges
Wort. Jesus meint offensichtlich, dass wir in der frohen Botschaft

von dem nahen Gott, den er uns verkündet, wohnen können. In den Worten Jesu zu wohnen, heißt glauben. Wenn wir das Wort Jesu in unserem Herzen wohnen lassen und wenn wir in seinen Worten wohnen, dann bekommen wir mitten in der Unbeständigkeit dieser Welt einen festen Stand. Glauben heißt ja: Stehvermögen haben, fest stehen können. Wenn wir der Nähe Gottes trauen, dann werden uns die Probleme und die uns bedrängenden Menschen nicht so nahe kommen, dass sie uns verunsichern. Die Nähe Gottes ist für uns eine heilend-befreiende und liebende Nähe. Im Evangelium glauben heißt letztlich: in der liebenden Nähe Gottes wohnen. Wenn Gott uns nahe ist, dann können auch wir uns nahe kommen, dann vermögen wir die Flucht vor uns selbst aufzugeben. In der Nähe Gottes haben die wilden Tiere und die Engel Platz. Da leben sie in Frieden miteinander.

Die Fastenzeit führt uns mit Jesus in die Wüste, damit wir dort, wo die Macht der Finsternis ist, auch an die Nähe Gottes glauben und sie erfahren. Nur weil Gott uns nahe ist, können wir uns der Dunkelheit im eigenen Herzen stellen. Fasten und Verzichten sind altbewährte Wege, uns selbst nahe zu kommen, den Höhen und Tiefen unserer Seele, den lichten und dunklen Seiten, damit Gottes Reich gerade auch in unserer Wüste erfahrbar wird. Gott will in allem, was in uns in der Fastenzeit auftaucht, herrschen. Wenn er herrscht, dann werden wir wahrhaft frei, dann kommen wir uns nahe, dann kommen wir in Einklang mit uns selbst. Und das ist die Bedingung, dass von uns Frieden ausgeht in diese friedlose Welt.

Zum Nachdenken

■ Kommt es vor, dass ich mich mit meiner spirituellen Seite allzu sehr identifiziere und darüber meine aggressive und wilde Seite verdränge?

■ Wie kann ich beide Pole, das Materielle und das Geistige, in mir besser miteinander verbinden und in Einklang bringen?

■ Gelingt es mir, mich der Dunkelheit meines eigenen Herzens zu stellen und trotzdem an die Nähe Gottes zu glauben, sie gerade dann zu erfahren?

Michael Reepen

Von der Grenzerfahrung zur neuen Wirklichkeit
Zweiter Fastensonntag

Nach diesen Ereignissen stellte Gott Abraham auf die Probe. Er sprach zu ihm: Abraham! Er antwortete: Hier bin ich. Gott sprach: Nimm deinen Sohn, deinen einzigen, den du liebst, Isaak, geh in das Land Morija, und bring ihn dort auf einem der Berge, den ich dir nenne, als Brandopfer dar. (...) Als sie an den Ort kamen, den ihm Gott genannt hatte, baute Abraham den Altar. (...) Schon streckte Abraham seine Hand aus und nahm das Messer, um seinen Sohn zu schlachten. Da rief ihm der Engel des Herrn vom Himmel her zu: Abraham, Abraham! Er antwortete: Hier bin ich. Jener sprach: Streck deine Hand nicht gegen den Knaben aus, und tu ihm nichts zuleide! Denn jetzt weiß ich, dass du Gott fürchtest; du hast mir deinen einzigen Sohn nicht vorenthalten. Als Abraham aufschaute, sah er: Ein Widder hatte sich hinter ihm mit seinen Hörnern im Gestrüpp verfangen. Abraham ging hin, nahm den Widder und brachte ihn statt seines Sohnes als Brandopfer dar. (...) Der Engel des Herrn rief Abraham zum zweitenmal vom Himmel her zu und sprach: Ich habe bei mir geschworen – Spruch des Herrn: Weil du das getan hast und deinen einzigen Sohn mir nicht vorenthalten hast, will ich dir Segen schenken in Fülle und deine Nachkommen zahlreich machen wie die Sterne am Himmel und den Sand am Meeresstrand. Deine Nachkommen sollen das Tor ihrer Feinde einnehmen. Segnen sollen sich mit deinen

Nachkommen alle Völker der Erde, weil du auf meine Stimme gehört hast.

Gen 22,1–2.9a.10–13.15–18

Sechs Tage danach nahm Jesus Petrus, Jakobus und Johannes beiseite und führte sie auf einen hohen Berg, aber nur sie allein. Und er wurde vor ihren Augen verwandelt; seine Kleider wurden strahlend weiß, so weiß, wie sie auf Erden kein Bleicher machen kann. Da erschien vor ihren Augen Elija und mit ihm Mose, und sie redeten mit Jesus. Petrus sagte zu Jesus: Rabbi, es ist gut, dass wir hier sind. Wir wollen drei Hütten bauen, eine für dich, eine für Mose und eine für Elija. Er wusste nämlich nicht, was er sagen sollte; denn sie waren vor Furcht ganz benommen. Da kam eine Wolke und warf ihren Schatten auf sie, und aus der Wolke rief eine Stimme: das ist mein geliebter Sohn; auf ihn sollt ihr hören. Als sie dann um sich blickten, sahen sie auf einmal niemand mehr bei sich außer Jesus. Während sie den Berg hinabstiegen, verbot er ihnen, irgendjemand zu erzählen, was sie gesehen hatten, bis der Menschensohn von den Toten auferstanden sei. Dieses Wort beschäftigte sie, und sie fragten einander, was das sei: von den Toten auferstehen. (Mk 9,2–10)

Es läuft eigentlich alles ganz gut. Ich bin zufrieden im Privaten und im Beruf, habe einiges dafür getan und vieles ist einfach gelungen, mir auch zugefallen. Ich bin Gott dankbar für meine Frau, die Kinder, die uns Freude machen, den Beruf, den Weg, den ich bisher gegangen bin, die Erfahrungen, die ich machen durfte, die Aufgaben, die ich habe. Ich spüre das Leben, bekomme Anerkennung, habe Erfolg. Natürlich gibt es die alltäglichen Probleme, aber eigentlich geht alles gut, ich bin zufrieden ... Und da, wie aus heiterem Himmel, kommt ein Schlag, ein Einbruch, ein Unglück: ein unerwarteter Todesfall, eine Krankheit oder sonst ein Unglück, von außen oder innen.

Da wird einem alles genommen, der Boden unter den Füßen weggezogen, da wird plötzlich alles in Frage gestellt, was war und was ist. Und es bleibt oftmals nicht nur bei einem Schlag, es kommen gleich mehrere und man hat den Eindruck, es wende sich alles gegen einen. Was ist denn plötzlich los? Vielleicht kennen Sie das? Da helfen auch die alten Rezepte nicht mehr und alle wundern sich, keiner versteht es ... Und dann denkt man alles durch: Es war doch recht und richtig so, warum soll es jetzt nicht mehr stimmen, warum alles opfern, hingeben, loslassen? Warum soll mir alles genommen werden?

Da fällt mir der Satz vom Propheten Jesaja ein, der mir schon manche Schicksalsschläge, die unsere Gemeinschaft trafen, zu deuten half. »Meine Gedanken sind nicht eure Gedanken, und eure Wege sind nicht meine Wege – Spruch des Herrn.« (Jes 55,8)

Da sind wir wieder bei Abraham. Sein Leben scheint zu gelingen, es war Aufbruch, Neubeginn. Er wagt das Leben im Vertrauen auf Gott und erfährt sich von Gott geführt, wird tatsächlich im hohen Alter noch Vater. Das, was er sich so sehr gewünscht hat, wird ihm geschenkt – was will er mehr ...?

Und da kommt dieser Schlag, diese unmögliche Forderung: »Nimm deinen Sohn, deinen einzigen, den du liebst, Isaak, geh in das Land Morija, und bring ihn dort auf einem Berg, den ich dir nenne, als Brandopfer dar.« Da soll ihm wieder alles genommen werden, das, was er so sehr ersehnte und erbetete, was ihm geschenkt wurde, soll er opfern, soll zunichtewerden, soll er loslassen. Der Gott, der bisher seine Verheißungen erfüllt hat, an dessen Treue Abraham sich schon gewöhnt hat, mit dem sein Leben zu gelingen schien, der verlangt nun, dass er die Frucht seines Lebens opfert, sein Liebstes.

Welchem Gott will Abraham seinen Sohn opfern? Ist es Gott oder Abrahams Bild von Gott? Denn Gott erweist sich im

Laufe des Geschehens als ein ganz Anderer, er will das grausame Opfer nicht – und dabei ändert sich nicht Gott, sondern Abrahams Gottesbild, Gott zeigt sich als ein Gott der Lebenden und nicht der Toten. Isaak soll nicht den Gottesvorstellungen seines Vaters zum Opfer fallen. Er hat ein Recht auf Leben! Und da muss Abraham wirklich opfern, seine liebgewordenen Vorstellungen von Gott loslassen. Sein Gottesbild bedarf der Opferung, der Wandlung. Sein Bild, das er von Gott und damit auch vom Leben hat, das opfert er, dazu ist er bereit.

Sind meine Vorstellungen von Gott und von dem, wie mein Leben gelingt, nicht zu sehr meine Vorstellungen, meine Gedanken, und eben nicht Gottes Gedanken? Und muss das nicht immer wieder zusammenbrechen, geopfert werden, damit ich erkenne, dass Gott der ganz Andere ist, ja, dass er trotz des Zusammenbruchs oder gerade deshalb ein Gott des Lebens ist, dass es ihm um wahres Leben geht?

Gelten meine, unsere alten Vorstellungen von Gott, von Kloster, von Nachfolge, von Ehe und Familie noch? Vielleicht müssen sie zusammenbrechen, damit Neues entsteht, neues Leben, eine neue Sicht der Dinge. Vielleicht hängen wir zu sehr an unseren alten Vorstellungen, wie es sein soll, wie es immer schon war. Vielleicht muss mein Lebenskonzept, selbst wenn es noch so fromm und gut scheint, zusammenbrechen, damit das wirkliche Leben, Gottes Leben, sichtbar wird.

»Opfern« heißt, etwas aus dem irdischen Bereich in den göttlichen Bereich heben, es Gott hinhalten, ihm geben, was ihm schon immer gehört, eigentlich erkennen, dass alles schon Gott gehört ... Es geht um das Erkennen, um das von innen heraus Erkennen, was wirklich ist. Das meint auch Hingabe, die andere Bedeutung von »opfern«, und das tut Abraham: Er gibt ganz, ohne jede Widerrede, ohne zu fragen, schweigend, weil ja schon alles Gott gehört, sogar das eigene Kind. Im Hingeben erfahren wir die eigentliche Wirklichkeit, die Gott ist.

Opfern ist das Anerkennen, dass es so ist, dass wir in Ihm leben und uns bewegen und sind ...

Glaube wurde und wird nur weitergegeben, weil es immer wieder Menschen gab und gibt, die alles losgelassen haben, alles gegeben haben – von Abraham über Jesus bis hin zu Benedikt und Mutter Theresa –, und weil es auch heute noch solche Menschen gibt und diese Sehnsucht in so vielen steckt.

Gerhard Lohfink sagt: »Weitergabe der Verheißung, des Glaubens an die nächste Generation kann nur gelingen, wenn die Kinder erleben, dass ihren Eltern die Sache Gottes wichtiger ist als alles andere in der Welt.« Wichtiger als das eigene Kind – so wie bei Abraham.

Das ist eine Zu-Mutung und wir reiben uns daran, ja, wir erschrecken darüber. Aber das bringt uns zum Kern dieser Geschichte von Abraham und seinem Opfer. Abraham gibt alles her – und es wandelt sich, es wird ihm nicht genommen, sondern neu gegeben.

Anscheinend wird der Mensch immer wieder an solche Grenzerfahrungen geführt, muss immer wieder Vertrautes zusammenbrechen, geopfert werden, damit wir die Wirklichkeit erkennen, uns ein Licht aufgeht, wir gewandelt werden, oft durch den Schmerz hindurch, zu neuem Leben.

Opfer brauchen wir uns nicht zu suchen oder zu machen. Sie kommen von selbst, wenn wir der Sache Gottes dienen. Die Kunst, besser gesagt, der Glaube besteht darin, zu lernen, sie in Freiheit anzunehmen, dann wandeln sie sich, wandeln sie uns zu neuem Leben.

Da sind wir beim Evangelium des heutigen zweiten Fastensonntags. Jesus hat sich das Opfer nicht ausgesucht. Er wollte nicht sterben, er wollte das Reich Gottes verkünden. Erst als er erkannte, dass sein Leben auf einen gewaltsamen Tod hinausläuft, nimmt Jesus sein Sterben an, stirbt er wirklich den Tod.

In der Erzählung von der Verklärung hat Jesus seinen Tod deutlich vor Augen, hat schon ja zu ihm gesagt, hat schon losgelassen. Und da geschieht, wie bei Abraham, Verwandlung, Verklärung – eine neue Qualität von Leben wird sichtbar, eine andere Wirklichkeit bricht durch.

Ja, da, wo wir alles loslassen beziehungsweise es uns genommen wird, wir es opfern, hingeben, emporheben, da bricht eine andere Wirklichkeit durch, da geht der Himmel auf und wir erkennen, was schon immer war: dass wir Gottes geliebte Töchter und Söhne sind.

Zum Nachdenken

■ Gelten meine alten Vorstellungen von Gott, Ehe und Familie noch?

■ Welche schmerzlichen Grenzerfahrungen musste ich durchleben, um eine neue Sicht auf die Wirklichkeit zu bekommen?

■ Was muss ich in meinem Leben loslassen, was opfern und hingeben, um mich dem ganz Anderen annähern zu können?

Rhabanus Erbacher

Die eigenen Götzen stürzen
Dritter Fastensonntag

Das Paschafest der Juden war nahe, und Jesus zog nach Jerusalem hinauf. Im Tempel fand er die Verkäufer von Rindern, Schafen und Tauben und die Geldwechsler, die dort saßen. Er machte eine Geißel aus Stricken und trieb sie alle aus dem Tempel hinaus, dazu die Schafe und Rinder; das Geld der Wechsler schüttete er aus, und ihre Tische stieß er um. Zu den Taubenhändlern sagte er: Schafft das hier weg, macht das Haus meines Vaters nicht zu einer Markthalle! Seine Jünger erinnerten sich an das Wort der Schrift: Der Eifer für dein Haus verzehrt mich. Da stellten ihn die Juden zur Rede: Welches Zeichen lässt du uns sehen als Beweis, dass du dies tun darfst? Jesus antwortete ihnen: Reißt diesen Tempel nieder, in drei Tagen werde ich ihn wieder aufrichten. Da sagten die Juden: Sechsundvierzig Jahre wurde an diesem Tempel gebaut, und du willst ihn in drei Tagen wieder aufrichten? Er aber meinte den Tempel seines Leibes. Als er von den Toten auferstanden war, erinnerten sich seine Jünger, dass er dies gesagt hatte, und sie glaubten der Schrift und dem Wort, das Jesus gesprochen hatte. Während er zum Paschafest in Jerusalem war, kamen viele zum Glauben an seinen Namen, als sie die Zeichen sahen, die er tat. Jesus aber vertraute sich ihnen nicht an, denn er kannte sie alle und brauchte von keinem ein Zeugnis über den Menschen, denn er wusste, was im Menschen ist.

Joh 2,13–25

Die letzten Sätze des heutigen Evangeliums haben wir noch im Ohr: »Jesus kannte sie alle.« Und: »Jesus wusste, was im Menschen ist«. – Und wir? Kennen wir ihn auch? Wissen wir, was in ihm ist? Ich muss gestehen: Wenn ich das heutige Evangelium lese, weiß ich es weniger denn je!

Im Gegensatz zu den jüdischen Zuhörern Jesu kann ich zwar das ihnen so anstößige Wort verstehen: »Reißt diesen Tempel nieder, in drei Tagen richte ich ihn wieder auf!« Da kommt mir mein bisschen Griechisch zu Hilfe und lässt mich begreifen, dass Johannes für »aufrichten« jenes Wort verwendet, das im Griechischen auch »auferwecken« bedeutet. Und außerdem erklärt mir der Evangelist ja ganz ausdrücklich, dass Jesus hier vom Tempel seines Leibes und somit vorausweisend von seinem Tod und seiner Auferstehung spricht. Sein Leib, er selbst, der Menschensohn, ist jetzt also der Tempel, in welchem Gott in dieser Welt auf neue Weise gegenwärtig ist.

Hat der alte Tempel, das Zentrum der jüdischen Gottesverehrung, hat dieses Heiligtum, dem Gott vormals seine Gegenwart zugesagt und verbürgt hat, dann nicht ausgedient? Jesus aber nennt den alten (fast möchte man doch sagen: den überholten) Tempel ehrfurchtsvoll »Haus meines Vaters« und tritt nicht nur leidenschaftlich, sondern sogar gewalttätig für seine Reinerhaltung ein. Johannes erklärt mir leider nicht, warum ihm die Szene der Tempelreinigung so wichtig ist, dass er sie geradezu programmatisch an den Beginn seines Evangeliums stellt. Während die drei anderen Evangelisten sie erst in den Tagen vor der Gefangennahme und Verurteilung Jesu stattfinden lassen, schließt Johannes sie fast direkt an das Wunder von Kana an. Kaum hat Jesus zum ersten Mal, wie der Evangelist sagt, seine Herrlichkeit offenbart, da sehen wir den Wundertäter und Menschenfreund mit der Geißel in der Hand: auf Händler, Verkäufer, Geldwechsler, auf Rinder und Schafe einschlagend, Tische umwerfend, Geld auf den Boden schüttend ... Und ausgerechnet der so tief spirituelle Johannes stellt uns den Eiferer für das Haus Gottes noch gewalttätiger vor, als es die übrigen Evangelisten tun, bei denen keine Rede von einer Geißel in Jesu Hand ist. Früher einmal, ich gebe es zu, hat mir die spontane und handgreifliche Reaktion Jesu sogar gefallen. Ich empfand es wie eine Garantie für sein wahrhaftiges Menschsein und seine Menschlichkeit, dass er auch einmal so zornig und so ungezügelt draufgängerisch sein konnte. Später habe ich mich damit zufriedengegeben, dass Jesus, wenn er Gottes Vergegenwärtigung in dieser Welt ist, eben auch einmal den Gott vergegenwärtigt, der in der Menschensprache der Bibel oft genug der Zürnende heißt – und wie sollte er nicht zornig werden, wenn die Kinder seiner Liebe mit Hass und Gewalt aufeinander losgehen? In diesen Tagen aber, wo wir doch auch in Jesu Namen gegen den Krieg und die Gewalt schrecklicher Waffen protestieren, mag ich mir nun wirklich nicht einen Menschen im Vorhof des Tempels vorstellen, dem das Blut übers Gesicht läuft und der auf die Frage, wer ihn so zugerichtet habe, nur antworten kann: »Dieser Jesus da – mit seiner Geißel!« Da stelle ich mir doch lieber diesen Jesus selbst vor, wie er – wenn seine Stunde gekommen ist – mit gebundenen Händen die Geißelung erleidet, auch wenn es mich eigentlich noch mehr verstören müsste, dass sich ausgerechnet jener ganz wehrlos preisgibt, der nicht nur unschuldig ist, sondern, wie wir heute sehen, durchaus auch dreinzuschlagen weiß, und der, wenn er wollte, eine Legion von Engeln zum Einsatz bringen könnte.

Wir werden wohl nie einen Reim darauf finden, dass der gleiche Jesus, der Gewaltlosigkeit und Versöhnung (Versöhnung siebenundsiebzigmal!) predigt, doch auch einmal sagen kann: Ich bin nicht gekommen, Frieden zu bringen, sondern das Schwert. Wenn er uns verspricht: »Meinen Frieden gebe ich euch!«, dann also gewiss nicht, um uns zu Pazifisten jener Sorte zu machen, die nur ihre Ruhe haben wollen und jede Auseinandersetzung, jede kämpferische Entschiedenheit scheuen.

Allerdings darf uns schon auffallen, dass er in dem, was er sich – für uns so verstörend – bei der Tempelreinigung selbst erlaubt, keine Nachfolger und Nachahmer sucht. Er hat nicht zwölf Geißeln geflochten und gesagt: Wer mein Jünger sein will, der ziehe mit mir gegen das Böse zu Felde und schlage tapfer drein! Für die Jünger galt und gilt, was er zu Petrus sagte: Stecke dein Schwert in die Scheide ... Jesus wusste, was im Menschen ist. Er wusste auch, wie schnell es uns, wo wir meinen, für seine Sache, für die Sache Gottes, mit Feuer und Schwert kämpfen zu müssen, doch – genau gesehen – um unsere Sache, um unser Rechthaben und Rechtbehalten geht. Zu gemeinsamen Kreuzzügen, zur Befreiung heiliger Stätten und ähnlichen Unternehmungen hat Jesus seine Jünger nicht gerufen und berufen, sondern dazu, sein Kreuz und ihr Kreuz auf sich zu nehmen.

In einem Punkt aber ist uns die Anwendung von unnachgiebiger Gewalt doch erlaubt, womöglich sogar eindeutig geboten: Wenn es um die Reinigung und Reinhaltung jenes Heiligtums geht, an das ich mich und Sie jetzt noch erinnern will mit dem Wort der Schrift: Der Tempel Gottes ist heilig – und der seid ihr (1 Kor 3,17). Wissen wir nicht recht genau, wie viele kleinere und größere Hausaltärchen fremder Götter in diesem unserem Tempel immer noch stehen, und wie viel sich da mit marktschreierischem Lärm tummelt und breitmacht, was ganz bestimmt nicht in ein Gottesheiligtum gehört? Und wissen wir nicht auch recht genau, dass da mit ein wenig Bedauern dann und wann und mit vorsichtigem Zureden und Paktieren nichts auszurichten ist?

In den Wochen der Vorbereitung und Propaganda für den Krieg gegen den Irak im Jahre 2003 hat mich nichts so sehr erschreckt wie jenes Wort, das, wie berichtet wurde, einer amerikanischen Eliteeinheit als Devise und Schlachtruf dient: »Expect no mercy!« Gnadenlosigkeit also als Leitprinzip – deutlicher kann man den Irrsinn des Krieges wohl nicht auf den Punkt bringen.

Und doch wäre es wohl kein schlechtes Vorhaben, wenn wir uns in diesen Tagen vor Ostern ein Herz fassen zu einer ähnlichen Kampfansage, wenn wir wenigstens zum einen oder anderen fest etablierten Götzenbild in unserem eigenen Lebenstempel, wenigstens zu diesem oder jenem Krämer und Feilscher, der uns immer wieder Fragwürdiges und Unheiliges anzudrehen und schönzureden versteht, draufgängerisch und kämpferisch sagen würden: »Expect no mercy!« Erwarte kein Erbarmen mehr! Hinaus mit dir! Dieser mein Tempel soll nur Einem gehören!

Zum Nachdenken

- ■ Meide ich mitunter notwendige Auseinandersetzungen mit Menschen, nur um meine Ruhe zu behalten?
- ■ Gebe ich manchmal vor, für einen Menschen, eine Idee zu kämpfen, wo es in Wahrheit nur um mein eigenes Rechthaben und -behalten geht?
- ■ Welchen Götzen in meinem eigenen Lebenstempel diene ich selbst?

Mauritius Wilde

Denn mit dem Gericht verhält es sich so
Vierter Fastensonntag

Und wie Mose die Schlange in der Wüste erhöht hat, so muss der Menschensohn erhöht werden, damit jeder, der (an ihn) glaubt, in ihm das ewige Leben hat. Denn Gott hat die Welt so sehr geliebt, dass er seinen einzigen Sohn hingab, damit jeder, der an ihn glaubt, nicht zugrunde geht, sondern das ewige Leben hat. Denn Gott hat seinen Sohn nicht in die Welt gesandt, damit er die Welt richtet, sondern damit die Welt durch ihn gerettet wird. Wer an ihn glaubt, wird nicht gerichtet; wer nicht glaubt, ist schon gerichtet, weil er an den Namen des einzigen Sohnes Gottes nicht geglaubt hat. Denn mit dem Gericht verhält es sich so: Das Licht kam in die Welt, und die Menschen liebten die Finsternis mehr als das Licht; denn ihre Taten waren böse. Jeder, der Böses tut, hasst das Licht und kommt nicht zum Licht, damit seine Taten nicht aufgedeckt werden. Wer aber die Wahrheit tut, kommt zum Licht, damit offenbar wird, dass seine Taten in Gott vollbracht sind.

Joh 3,14–21

Vor einiger Zeit erhielt ich von einer jungen Frau diese Anfrage: »Gestern war meine Mutter zu Besuch bei mir. Während unseres Gespräches sind wir mal wieder auf ein ›kirchliches‹ Thema gestoßen. Dabei fragte mich meine Mutter, was man eigentlich in unserem Glauben unter dem Begriff ›Jüngstes Gericht‹ verstehe. Wir stellten fest, dass die Generation meiner Mutter darunter folgende Erklärung versteht: Am Tag des eigenen Todes wird man vor Gott stehen und für all seine Taten sich verantworten müssen, das heißt, man denkt da auch an einen strafenden Gott. Ich habe damit so meine Probleme und wollte jetzt gern einmal deinen Ansatz beziehungsweise den ›theologischen‹ Ansatz hören.«

Die Frage nach dem »Gericht« ist heute eine prekäre Frage. Ich habe mich einmal bei einer Beerdigung dabei ertappt, dass ich alle diesbezüglichen Passagen weggelassen habe, weil ich meinte, ich könne sie der Gemeinde nicht zumuten. Dann aber war ich erstaunt: In einer Fürbitte, die die Angehörigen selbst formuliert hatten, tauchte die Frage wieder auf. Die Frage nach dem Letzten Gericht kann man nicht wegschieben. Sie ist die Frage nach der Gerechtigkeit und nach dem Richtigen in unserem Leben.

Das Thema ist deshalb heute so schwierig, weil unsere Gesellschaft dazu neigt, dass alles egal, alles gleich-gültig ist. Warum sollte es dann ein Gericht (über alles) geben? Die Menschen wiederum, die ein Wertebewusstsein haben, die ein moralisches Gewissen haben und sich danach zu richten versuchen, stellen fest, dass ethische Fragen immer komplexer und komplizierter werden und überhaupt nicht leicht zu beantworten sind. Man weiß oft schlicht nicht mehr, was gut und was schlecht ist.

In der »Charta« unseres Glaubens, im Credo, steht allerdings nach wie vor der Satz: »Von dort wird er kommen, zu richten die Lebenden und die Toten.« Wie verhält es sich also mit dem Gericht? Zum einen ist interessant, wer es ist, der uns richtet. Nach unserem Glauben ist es nicht etwa Gott, der Vater, wie man sich denken könnte. Nein, erstaunlicherweise ist es der Sohn! Aber ist das beruhigender? Auf dem Richterstuhl sitzt also jemand, der Unrecht am eigenen Leib erlebt hat. Jemand, der mittendrin stand, als das Unrecht, die Lüge und die Gemeinheit zum Himmel schrien. Ihm werden wir nichts vormachen können am letzten Tag.

Aber wir brauchen auch keine Angst vor ihm zu haben. Denn nirgends in der Bibel ist davon die Rede, dass Jesus Rachegelüste hegte. Er hat nie geflucht. Er hat keinen Menschen verflucht. Im Gegenteil. Er hat seine Feinde gesegnet. Es sei besser, Unrecht zu erleiden, als Unrecht zu tun, sagt er.

Und die Ehebrecherin im Johannesevangelium lässt er vor das Gericht der Pharisäer treten – mit dem Ergebnis, dass niemand sie verurteilt, weil jeder selbst in die Strukturen der Ungerechtigkeit verwickelt ist. Sein letztes Urteil ist dann:»Auch ich verurteile dich nicht. Geh, und sündige von jetzt an nicht mehr.«

Der uns am Jüngsten Tag richten wird, war selbst Mensch. Er kennt unsere Schwächen. Unsere Nöte, Zwänge, Engpässe und Ausweglosigkeiten. Er kennt Hunger und Durst, Versuchung und Befreiung. Er weiß, was es heißt, Zielscheibe von Neid und Eifersucht zu sein, von Hass und Gewalt. Er hat gelitten. Aber er verzeiht.»Gott hat seinen Sohn nicht in die Welt gesandt, dass er die Welt richtet, sondern dass er sie rettet.«, ruft uns die Frohe Botschaft heute zu.

Wie verhält es sich also mit dem Gericht? Das Johannesevangelium gibt noch einen weiteren Hinweis: Wer an Jesus glaubt, wird nicht gerichtet. Der Glaube ist so etwas wie die Versicherung gegen das Gericht. Wie soll das gehen?»Wer nicht glaubt, ist schon gerichtet«, heißt es dann. Hier wird das Gericht in unsere Hände gelegt. Wir selbst bestimmen darüber, ob und wie wir gerichtet werden. Damit macht uns Gott mündig und frei – und zu verantwortlichen Menschen.

Wir brauchen also wirklich keine Angst zu haben vor unserem Richter. Wir sollten nur Angst haben vor uns selbst. Und davor, dass wir nicht umkehren nach all dem, was der Herr für uns getan hat und immer noch tut.

Was aber, wenn ich nicht glauben kann? Oder scheinbar nicht genug Glauben habe? Ein Senfkorn Glaube reicht bereits aus, sagt uns Jesus. Ein winziger guter Wille. Ein Hauch Sehnsucht. Mit ihm zusammen kann ich beten: »Herr, ich glaube, hilf meinem Unglauben.«

Zum Nachdenken

■ Wie steht es um meinen eigenen Glauben? Habe ich zumindest den Willen, die Sehnsucht, zu glauben?

■ Was verbinde ich mit dem Jüngsten Tag? Habe ich Angst davor? Und wenn ja, weshalb?

■ Bin ich mir dessen bewusst, was der Herr für mich getan hat, immer noch tut?

Dominikus Trautner

Altes loslassen, um Größeres zu gewinnen
Fünfter Fastensonntag

Auch einige Griechen waren anwesend – sie gehörten zu den Pilgern,
die beim Fest Gott anbeten wollten. Sie traten an Philippus heran,
der aus Betsaida in Galiläa stammte, und sagten zu ihm: Herr, wir
möchten Jesus sehen. Philippus ging und sagte es Andreas; Andreas
und Philippus gingen und sagten es Jesus. Jesus aber antworte ihnen:
Die Stunde ist gekommen, dass der Menschensohn verherrlicht wird.
Amen, amen, ich sage euch: Wenn das Weizenkorn nicht in die Erde
fällt und stirbt, bleibt es allein; wenn es aber stirbt, bringt es reiche
Frucht. Wer an seinem Leben hängt, verliert es; wer aber sein Leben
in dieser Welt gering achtet, wird es bewahren bis ins ewige Leben.
Wenn einer mir dienen will, folge er mir nach; und wo ich bin, dort
wird auch mein Diener sein. Wenn einer mir dient, wird der Vater
ihn ehren. Jetzt ist meine Seele erschüttert. Was soll ich sagen: Vater,
rette mich aus dieser Stunde? Aber deshalb bin ich in diese Stunde
gekommen. Vater, verherrliche deinen Namen! Da kam eine Stimme
vom Himmel: Ich habe ihn schon verherrlicht und werde ihn wieder
verherrlichen. Die Menge, die dabeistand und das hörte, sagte: Es
hat gedonnert. Andere sagten: Ein Engel hat zu ihm geredet. Jesus
antwortete und sagte: Nicht mir galt diese Stimme, sondern euch.
Jetzt wird Gericht gehalten über diese Welt; jetzt wird der Herrscher
dieser Welt hinausgeworfen werden. Und ich, wenn ich über die Erde

erhöht bin, werde alle zu mir ziehen. Das sagte er, um anzudeuten, auf welche Weise er sterben werde.

Joh 12,20–33

Im heutigen Evangelium hören wir Worte Jesu, die uns den Atem verschlagen. »Wenn das Weizenkorn nicht in die Erde fällt und stirbt, bleibt es allein. Wenn es aber stirbt, bringt es reiche Frucht.« Und dann noch radikaler: »Wer sein Leben liebt, wird es verlieren, wer aber sein Leben hasst, wird es bewahren bis ins ewige Leben.« Was sollen diese Worte bedeuten? Sollen wir uns selbst verachten und uns hassen? Heißt es nicht, liebe deinen Nächsten wie dich selbst?

Vielleicht kommen wir dem Sinn dieser Worte ein wenig näher, wenn wir unser eigenes Leben betrachten. Wenn ein Säugling lernen soll, selbstständig zu essen und zu trinken, muss er von Mutterbrust und Fläschchen entwöhnt werden. Das aber geht, wie man weiß, nicht ohne Gestrampel und Geschrei ab, denn die Mutter mutet dem Kind ja Verlust und Verzicht zu. Wenn etliche Zeit später das Kind selbstständig gehen lernen soll, dann muss es buchstäblich losgelassen werden. Auch das geht nicht ohne Angst ab, denn es muss auf die stützende und führende Hand der Mutter oder des Vaters verzichten. Später kommt der erste Gang zum Kindergarten, danach der erste Gang zur Schule. Verlassen einer lieb gewonnen Welt und sich hineinbegeben in eine neue und noch unbekannte Welt – das löst Ängste aus. Aber das Loslassen ist notwendig, um wachsen und reifen zu können, um Neues zu gewinnen. Oder wie viel Verzicht legt sich zum Beispiel ein Leistungssportler auf, um den Sieg zu gewinnen?

Ich glaube, jeder von uns weiß aus seinem eigenen Leben, dass er sich selbst überwinden, alte Gewohnheiten loslassen, Opfer bringen, sich mehr engagieren muss, um Neues gewin-

48

nen zu können. Und je mehr es uns gelingt, loszulassen von
unguten, ja schädlichen Verhaltensweisen und Dingen, und je
mehr wir uns für das gesetzte Ziel einsetzen, desto größer wird
unsere Freude sein.

Machen wir die Gegenprobe. Ein Mensch, der alles fest-
halten will, der sich weigert, loszulassen – von seinem Groll
und Ärger, von seinem Neid und seiner Eifersucht, von seinem
Egoismus –, kann kein freier, lebendiger und fruchtbringender
Mensch werden. Im Gegenteil, er bleibt im Kerker seines eigenen Ichs gefangen. Er wird seine Beziehungen verlieren, verein-
samen und nur noch um sich selbst kreisen. Ein solches Leben
ist keines mehr.

Nur wer beständig an sich arbeitet, sich im Loslassen übt,
bereit ist, Verletzungen, Beleidigungen, Beschimpfungen, Ver-
leumdungen und Boshaftigkeiten loszulassen, sie wie Eis schmel-
zen zu lassen, kann innerlich frei werden. Solange wir daran fest-
halten, und oft neigen wir dazu, und solange wir darauf warten,
bis der andere kommt und um Verzeihung bittet, sind wir nicht
frei, sondern in der Macht des anderen.

Freilich sind wir oft zu schwach, um aus eigener Kraft verzeihen zu können. Deshalb ist es notwendig, dass wir unseren
Blick auf Christus richten. Er hat uns vorgelebt, was es zu verzeihen, zu lieben heißt, ohne Gegenliebe zu erwarten, zu dienen
und für andere da zu sein. Er hat die radikalste Weise des Loslassens gelebt, indem er sein Leben hingab, um uns zu befreien
und uns das ewige Leben zu eröffnen.

Seit dem Tod und der Auferstehung Jesu gelten ganz neue
Maßstäbe und Gesetze. Das Schwache hat Gott erwählt, um das
Starke zu beschämen. Der Tod ist nicht mehr das Ende, sondern
der Anfang eines neuen, ewigen Lebens.

Das Gesetz vom Sterben, um zu leben, vom Loslassen, um
zu gewinnen, hat eine heilsgeschichtliche Dimension. Er war

Gott gleich, hielt aber nicht daran fest, wie Gott zu sein, sondern er entäußerte sich und wurde wie ein Sklave und den Menschen gleich. Sein Leben war das eines Menschen. Er erniedrigte sich und war gehorsam bis zum Tod, bis zum Tod am Kreuz. Und darum hat Gott ihn erhöht und ihm einen Namen verliehen, der größer ist als alle Namen. Das Wunderbare ist, dass auch das uns zuteilwird; wenn wir mit Christus leiden, werden wir auch mit ihm verherrlicht. Noch steckt in uns allen das andere Gesetz, das Gesetz dieser Welt, das Haben-Wollen, das Nicht-loslassen-Können. Aber dieses Gesetz erzeugt Angst und lässt den Menschen im Grunde nicht leben.

Fastenzeit aber heißt Einübungszeit in das Gesetz Christi, das Gesetz des Loslassens, des Schenkens und Teilens. Und jedes Loslassen ist ein Stückchen Sterben nach dem Gesetz des Weizenkorns, das durch den Tod hindurch erst reiche Frucht bringen wird.

Am Anfang einer jeden Eucharistiefeier steht der Bußakt, das heißt die Bitte um Vergebung unserer Sünden. Manchmal ist es leichter, sich selbst gering zu achten, als sich zu schätzen und sich anzunehmen.

Wir ärgern uns über unsere Fehler, über unser Versagen und Ungenügen. Oft rebellieren und protestieren wir gegen die Vorgegebenheit unseres Wesens und sind unzufrieden mit uns selbst, mit Gott und der Welt.

Eine wesentliche Voraussetzung, um uns mit dem anderen versöhnen zu können, ist, dass wir uns mit uns selbst aussöhnen, dass wir lernen, zu uns selbst Ja zu sagen, mit allen Schwächen und Fehlern, dass wir uns aussöhnen mit unserer Vergangenheit.

Und weil es gerade so schwer ist, sich selbst zu verzeihen, sich anzunehmen und zu lieben, ist es wichtig, dass wir unsere Zuflucht bei Gott suchen. Denn er nimmt uns an, wenn uns auch andere verstoßen, er liebt uns, wenn wir uns auch selbst nicht leiden mögen, er verzeiht uns, auch wenn wir uns selbst nicht verzeihen können.

Wenn wir uns mit Gott versöhnen lassen, dann können wir uns selbst wieder achten und lieben und werden vor allem aus der eigenen inneren Freiheit heraus dem anderen verzeihen und ihn annehmen können.

Herr Jesus Christus,
du bist arm geworden, um uns reich zu machen,
du bist gekreuzigt worden, um alle zu dir zu ziehen,
du bist verherrlicht worden, um alles neu zu machen.

Zum Nachdenken

■ In welchen Situationen meines Lebens musste ich Menschen und Dinge loslassen lernen, um neue Ziele anzustreben, Größeres zu gewinnen?

■ Kann ich anderen Menschen verzeihen, sie lieben, ohne Gegenliebe von ihnen zu erwarten?

■ Habe ich gelernt, mich mit mir selbst auszusöhnen, Ja zu mir zu sagen, mit all meinen Fehlern und Schwächen? Habe ich dabei auch Zuflucht bei Gott gesucht?

Mauritius Wilde

Das Leiden Christi und mein Leiden
Palmsonntag

Am Tag darauf hörte die Volksmenge, die sich zum Fest eingefunden hatte, Jesus komme nach Jerusalem. Da nahmen sie Palmzweige, zogen hinaus, um ihn zu empfangen, und riefen: Hosanna! Gesegnet sei er, der kommt im Namen des Herrn, der König Israels! Jesus fand einen jungen Esel und setzte sich darauf – wie es in der Schrift heißt: Fürchte dich nicht, Tochter Zion! Siehe, dein König kommt; er sitzt auf dem Fohlen einer Eselin. Das alles verstanden seine Jünger zunächst nicht; als Jesus aber verherrlicht war, da wurde ihnen bewusst, dass es so über ihn in der Schrift stand und dass man so an ihm gehandelt hatte.

Joh 12,12–16

Am Palmsonntag wird in unseren Gottesdiensten die Leidensgeschichte Jesu vorgelesen. Sein Leiden wird uns ins Gedächtnis gerufen und erinnert uns an das, woran wir leiden.

Christus ist gekommen, um das Leiden aufzuheben. Das Leiden seines Volkes, das Leiden der Armen, der Kranken, der Ausgeschlossenen. Wo er hinkam, ging eine Kraft von ihm aus, die das Leiden linderte oder sogar ganz wegnahm. Was sein Name sagte, »Gott heilt«, das war es, was er wirklich tat. Im Reich seines Vaters, dessen Beginn er verkündete, sollten die Armen selig sein, die Verfolgten, die ungerecht Behandelten.

Dass er selbst litt, steht dazu in einem eigenartigen Gegensatz. Schon Petrus hat das bemerkt und wollte nicht, dass sein geliebter Herr leiden müsse. So lebensfroh und positiv, wie Jesus eingestellt war, dürfen wir davon ausgehen, dass auch er das Leiden nicht geliebt hat. Dass er es weder gesucht noch angezogen hat. Ein Ausdruck davon ist sein Gebet im Garten Getsemani: »Herr, lass diesen Kelch an mir vorübergehen.« Doch entscheidend war für ihn nicht ein leidfreies Leben, sondern der Wille des Vaters. »Aber nicht wie ich will, sondern wie du willst.« Der Vater war es ja, dessen Reich zu entstehen begann, und wenn diese Entstehung Leiden einschloss – wohlgemerkt seine eigenen, nicht die seiner Jünger –, dann war er bereit, diese auf sich zu nehmen. Anders ist nicht zu erklären, wieso Jesus sich am Palmsonntag auf den Weg nach Golgotha macht und nicht flieht oder ausweicht.

Die Freiwilligkeit, mit der Jesus sein Leiden auf sich nimmt, ist dabei wie eine kleine, zarte Blume, die sich den Weg durch den Asphalt sucht. Sie ist bereits der Riss, der den Vorhang schließlich entzweien wird. Es ist zumindest sein Leiden, das er auf sich nimmt, und nicht das derer, die es verursachen, des Pilatus, Herodes, Judas, des Volkes. Jesus ist schon gar nicht wie einer, der andere leiden lässt, um eine Vorstellung, und sei es eine noch so gute wie die des Reiches Gottes, durchzubringen. Er kündigt zwar bei Gelegenheit den Jüngern Leid an, aber er legt es ihnen nicht auf. Sein Joch ist leicht. Wenn jemand in seiner Nachfolge Ähnliches erdulden soll und dann auch will, ist das eine andere Sache. So bleibt in Jesu Handeln der Sieg über das Leiden von Anfang bis zum Schluss, selbst während er leidet. Er stirbt als Gekrönter.

Wenn wir das betrachten, dann wird deutlich, dass jede christliche Spiritualität, die Leiden als Mittel zum Zweck sieht, sich nicht auf Jesus berufen kann. Wir müssen nicht leiden.

Wir müssen nicht mit zerknirschter Miene und gesenktem Haupt herumlaufen. Kreuzesnachfolge bedeutet nicht, dass es uns schlecht gehen muss, damit wir Jesus gefallen.

Was aber ist mit unserem Leiden? Was ist mit meinem Leiden? Und wie hängt es mit dem Leiden Jesu zusammen? Wir stehen dem Leiden nicht so souverän gegenüber, wie es bei Jesus scheint. Wir sind ja nicht Gott. Wir könnten nicht Legionen von Engeln schicken, die das Leiden beheben könnten. Für uns bleibt Jesus der, der auch unser Leiden aufheben kann. Und wir dürfen fest daran glauben, dass er unser Leiden auch aufheben will. Immer wieder haben wir ja bereits erlebt, dass er es getan hat. Dass er uns geheilt hat. Dass er uns befreit hat. Dass er uns bewahrt hat.

Falls es aber Leiden geben sollte, das wir nicht ändern können, Leiden, das uns Gott momentan nicht abnimmt, dann sollten wir noch einmal beten und immer wieder rufen wie die Witwe zum ungerechten Richter, dass Gott es uns von den Schultern nehmen möge. Bis er es uns abnimmt. Oder wenn er es uns nicht nimmt, dann können wir unser Leiden mit dem seinen in Verbindung bringen. Hier beginnt die Kreuzesnachfolge. Dann nehmen wir unser Kreuz auf uns, mit dem Blick auf Jesus. Wir können dann wirklich hinter Jesus hergehen und alles so machen wie er: es freiwillig nehmen und losgehen. In der Hoffnung und in dem festen Glauben, dass es mit dem Anbruch des Reiches Gottes zu tun hat. Und im Vertrauen darauf, dass er uns die Kraft gibt, es zu tragen.

Dann gilt es, den Blick nach vorne zu richten. »Ich bin überzeugt, dass die Leiden dieser Zeit nichts bedeuten im Vergleich zu der Herrlichkeit, die an uns offenbar werden soll«, sagt Paulus im Römerbrief. Ja, um die geht es dann: um die zukünftige Herrlichkeit, die jetzt schon in mir hervorbrechen will. Unterwegs auf dem Kreuzweg, hinter Jesus her, wird der

Herr sich umwenden zu uns. Er wird uns anschauen. Und er wird mit uns leiden. Er wird mit uns fühlen, wie er es, selbst leidend, mit den Frauen, mit Maria und Johannes, mit den Schächern getan hat. Im Mitleiden wird er unser Leid erleichtern. Das alte Passionslied »O Haupt voll Blut und Wunden« enthält den heute provozierend klingenden Vers: »Was Du, Herr, hast erduldet, ich, ich hab es verschuldet.« Das kann man kaum verstehen, denn wir leben doch später als Jesus. Warum sollen wir schuld an seinem Leiden sein? Diese mystische Auffassung des Leidens Christi will allerdings unser Leiden und unser Leben mit seinem Leiden in Verbindung bringen. Es gibt sozusagen einen ursächlichen Zusammenhang zwischen Jesu Leiden und mir. Sein Leiden bewirkt meine Erlösung. Also auch die Erlösung von meinem Leid. Das heißt, wenn ich auf Jesus schaue, dann spüre ich, wie sein Leiden nicht umsonst war. Wie sein Leiden für mich da war. Was heißt das für mein Leiden? Es heißt nicht, dass ich mir zerknirscht jedes meiner Leiden selbst ankreiden und schuldbewusst zuschreiben muss. Es heißt, dass ich die Freiwilligkeit des Leidens Jesu für mich und Gottes Reich auch auf mich selbst beziehen kann. Auch ich kann so freiwillig mein Kreuz auf mich nehmen und es tragen. »Ich, ich hab es verschuldet.«

In dem Moment wird es auch ein Leiden für andere. Man könnte ja sagen, dass Leiden und Menschsein irgendwie immer zusammenhängen. Ganz unabhängig von Religion. Wenn wir aber das Leiden, unser eigenes Leiden im Licht der christlichen Religion anschauen, dann können wir es so machen wie Jesus, von ihm ausgehend: es souverän auf uns nehmen, im Glauben, dass es mir und anderen etwas nütze – selbst wenn ich noch nicht sehe, wie. Man hat das früher »Aufopfern« genannt. Ein tägliches Kreuz nahm man an und widmete es gleichsam irgendjemandem, für den man dann das Leiden trug. Kreuzesnachfolge.

Einmal sagt Paulus, wir sollten an den Leiden Jesu das vollenden, was noch fehle. Das ist eine etwas gefährliche Aussage. Wir könnten ja denken, dass wir substanziell zur Erlösung der Welt etwas beitragen könnten. Ja, vielleicht müssten. Nein – der Hebräerbrief und unser Glaube sind da eindeutig: Wir sind erlöst, ein für alle Mal. Dem Opfer Jesu ist nichts mehr hinzuzufügen. Aus Gnade sind wir gerettet, die ganze Welt ist bereits gerettet. Wir brauchen diese Erlösung nur noch anzunehmen, wir können sie nicht bewirken, auch nicht für andere. Wenn wir uns aber an Christus anschließen, ganz nah und innig, wenn wir uns als Glieder am mystischen Leib der Kirche begreifen, dann leiden wir, wenn wir leiden – freiwillig –, mit allen, die noch auf die Erlösung warten. Inklusive unserer selbst.

Der Palmsonntag erinnert uns daran, dass Leiden und ein souveräner Umgang damit im christlichen Leben zusammengehören können. Jesus reitet auf dem Esel seinem Leiden entgegen, während er als König verehrt wird. So können auch wir mit Jesu Hilfe unser Leiden für uns und andere auf uns nehmen – und ihm hinterherreiten.

Zum Nachdenken

- Wie gehe ich mit meinem eigenen – unabänderlichen – Leiden um?
- Habe ich schon einmal versucht, mein Leiden mit Jesu Leiden in Verbindung zu bringen?
- Habe ich mein Leiden jemals bewusst irgendjemandem »gewidmet«?

Fidelis Ruppert

Seine Herrlichkeit offenbart sich im Dienen
Gründonnerstag

Es war vor dem Paschafest. Jesus wusste, dass seine Stunde gekommen war, um aus dieser Welt zum Vater hinüberzugehen. Da er die Seinen, die in der Welt waren, liebte, erwies er ihnen seine Liebe bis zur Vollendung. Es fand ein Mahl statt, und der Teufel hatte Judas, dem Sohn des Simon Iskariot, schon ins Herz gegeben, ihn zu verraten und auszuliefern. Jesus, der wusste, dass ihm der Vater alles in die Hand gegeben hatte und dass er von Gott gekommen war und zu Gott zurückkehrte, stand vom Mahl auf, legte sein Gewand ab und umgürtete sich mit einem Leinentuch. Dann goss er Wasser in eine Schüssel und begann, den Jüngern die Füße zu waschen und mit dem Leinentuch abzutrocknen, mit dem er umgürtet war. Als er zu Simon Petrus kam, sagte dieser zu ihm: Du, Herr, willst mir die Füße waschen? Jesus antwortete ihm: Was ich tue, verstehst du jetzt noch nicht; doch später wirst du es begreifen. Petrus entgegnete ihm: Niemals sollst du mir die Füße waschen! Jesus erwiderte ihm: Wenn ich dich nicht wasche, hast du keinen Anteil an mir. Da sagte Simon Petrus zu ihm: Herr, dann nicht nur meine Füße, sondern auch die Hände und das Haupt. Jesus sagte zu ihm: Wer vom Bad kommt, ist ganz rein und braucht sich nur noch die Füße zu waschen. Auch ihr seid rein, aber nicht alle. Er wusste nämlich, wer ihn verraten würde; darum sagte er: Ihr seid nicht alle rein. Als er ihnen die Füße gewaschen, sein Gewand wieder angelegt

und Platz genommen hatte, sagte er zu ihnen: Begreift ihr, was ich
an euch getan habe? Ihr sagt zu mir Meister und Herr, und ihr nennt
mich mit Recht so; denn ich bin es. Wenn nun ich, der Herr und Meis-
ter, euch die Füße gewaschen habe, dann müsst auch ihr einander die
Füße waschen. Ich habe euch ein Beispiel gegeben, damit auch ihr so
handelt, wie ich an euch gehandelt habe.

Joh 13,1–15

Auf einer Miniatur in einer mittelalterlichen Bibelhandschrift ist
die Darstellung der Verklärung Christi mit einer Darstellung des
Letzten Abendmahls samt Fußwaschung verbunden. Im oberen
Teil des Bildes die Verklärung, im unteren das Abendmahl. Ich
weiß nicht, was den Maler bewegt hat, die beiden biblischen Er-
eignisse miteinander zu verbinden. Beim Betrachten kamen mir
aber einige Gedanken, die mich das Geheimnis des heutigen Tages
tiefer verstehen ließen.

Zunächst könnte man denken, dass im oberen Teil des Bildes die Herrlichkeit Christi offenbart wird und dass im unteren
Teil des Bildes diese Herrlichkeit im Geheimnis der Eucharistie
nur in verborgener Weise gegenwärtig ist. Offenbarung und
Verhüllung seiner Herrlichkeit in *einem* Bild.

Diese Offenbarung seiner Herrlichkeit und ihre verborgene Gegenwart lassen sich an diesem Bild aber noch tiefer aus-
deuten. Mose und Elija, die dem verklärten Jesus erscheinen,
sprechen mit ihm über sein Leiden (Lk 9,31). Der jetzt in Herrlichkeit erscheint, muss hinabsteigen in tiefstes Leid und in die
Nacht des Todes. Im Hymnus des Philipperbriefes ist dieses
Hinabsteigen so beschrieben: »Er war Gott gleich, hielt aber
nicht daran fest, wie Gott zu sein, sondern er entäußerte sich
und wurde wie ein Sklave und den Menschen gleich.« (2,6f)

Das wird in der unteren Bildhälfte dargestellt. Jesus ist in dieser Szene gleich zweimal zu sehen. Er sitzt in der Mitte des Tisches

als der, der das Mahl leitet, und er wird im Vordergrund nochmals dargestellt, wie er am Boden kniet und einem der Jünger, der noch am Tisch sitzt, die Füße wäscht. Der Meister, der in der oberen Bildhälfte in seiner Herrlichkeit zu sehen ist und der dann in der Mitte des Tisches als Leiter des Mahles thront: Hier kniet er am Boden und tut Sklavendienst, wie es im Hymnus des Philipperbriefes ausgedrückt wird. Ein Abstieg aus der Herrlichkeit, bis hin zu den schmutzigen Füßen der Jünger.

Wenn wir in der heutigen Liturgie eine Fußwaschung halten, könnte man das als eine rein symbolische Handlung verstehen, die eigentlich auf etwas anderes hinweist. Man kann auch annehmen, dass jene, die zur Fußwaschung eingeladen sind, vorher ihre Füße waschen, um dem Liturgen nicht schmutzige oder übel riechende Füße hinhalten zu müssen, also vom eigentlichen Füßewaschen nicht viel mehr übrig bleibt als eine symbolische Geste.

Das muss aber nicht der Fall sein. In den vielen Jahren, wo ich die Fußwaschung vorgenommen habe, empfand ich diese »symbolische Handlung« immer als sehr realistisch, auch wenn es nicht um schmutzige Füße ging. Der Liturge geht zwölfmal vor einem der Dasitzenden in die Knie, fasst seinen nackten Fuß an, wäscht, trocknet ab, geht weiter, geht wieder in die Knie, fasst wieder einen Fuß an und so weiter. Das hat mich immer tief berührt und ich hatte den Eindruck, dass oft auch jene, denen die Füße gewaschen wurden, tief angerührt waren. Es fühlte sich so an, als ob in dieser »erniedrigenden« Geste etwas von der Herrlichkeit aufstrahlte, vom Glanz der Liebe und des Dienens und der Würde eines jeden. Das kann man in diesem Augenblick nicht in Worte fassen, aber es fühlt sich an wie etwas Lichtes und Helles, wie eine Verheißung von Leben.

Bei Jesus bestand noch weniger die Gefahr, diesen Akt als reine Symbolik misszuverstehen. Die Jünger hatten sicher schmutzige Füße. Sie kamen von der Wanderschaft, in offenen Sandalen auf schmutzigen Straßen. Wer ihnen die Füße waschen wollte, musste sich wirklich die eigenen Hände schmutzig machen. Jesu Fußwaschung war schmutzige Realität. Petrus war entsetzt, dass der Meister seine schmutzigen Füße anfassen wollte, und weigerte sich. So etwas mutete man nur den Sklaven zu. Jesus beweist mit seinen Händen, dass er es ernst meint mit dem Hinuntersteigen und dem selbstlosen Dienen, von dem er an mehreren Stellen in den Evangelien spricht.

Aber diese für die Jünger so schockierende Handlung ist dann trotz ihrer drastischen Konkretheit doch auch »nur« eine symbolische Handlung, die auf eine noch viel schockierendere Realität hinweist: »Da er die Seinen, die in der Welt waren, liebte, erwies er ihnen seine Liebe bis zur Vollendung« (Joh 13,1) und »er erniedrigte sich und war gehorsam bis zum Tod« (Phil 2,8). Die Fußwaschung ist erst der Auftakt zur Tragödie des Kreuzes. Die erniedrigende Geste Jesu bei der Fußwaschung musste sich in der grausigen Realität von Leid und Kreuz bewähren.

Es geht um das Leben selbst, nicht um reine Symbolik. Wir wissen alle, wie notwendig, aber auch wie schwierig es ist, dass das, was in der Liturgie gefeiert wird, oft mit viel Hingabe und innerer Bewegtheit gefeiert wird, tatsächlich in der Realität unseres Alltags zum Tragen kommt.

Ich hörte einmal von einer Krankenschwester, die am Gründonnerstag Dienst tun musste und nicht zur Liturgie gehen konnte. Sie war deshalb traurig, denn sie liebte diese Liturgie. Als sie nun gerade dabei war, einen Kranken zu waschen, und immer noch etwas traurig war, dass sie nicht bei der Liturgie sein durfte, kam ihr plötzlich die Einsicht, dass sie jetzt ja gerade das tat, was zu eben dieser Stunde im Ritus der Fußwaschung symbolisiert wurde. Sie fühlte sich plötzlich mitten im Geschehen der Fußwaschung, sie war selbst Fußwaschung geworden. Eine tiefe Freude überströmte sie, tiefer als je bei der liturgischen Feier. Am schwachen Leib eines Schwerkranken hat sie etwas von der Herrlichkeit des gegenwärtigen Herrn erfahren. Die verborgene Herrlichkeit des Herrn strahlte ihr plötzlich dort auf, wo sie es am wenigsten erwartet hätte.

Allerdings sollte man aus dieser Geschichte nicht folgern, dass es wichtiger wäre, Kranke zu pflegen, als (nur) Liturgie zu feiern. In der Liturgie hatte sich diese Schwester oft in den Geist der Fußwaschung hineinmeditiert, weil sie mit ihrem Beruf so eng in Verbindung stand. Dort hatte sie sich die Kraft und die Motivation zum Dienst geholt. Und als Folge jahrelangen Dienens und Meditierens wurde ihr an diesem Tag die Erfahrung geschenkt, dass die verborgene Herrlichkeit des Herrn, seine Liebe und sein Licht im Waschen eines kranken Menschen aufstrahlten. Liturgie und Leben flossen ineinander. So genannter »niedriger« Dienst und Verklärung standen ganz nahe beieinander. In diesem niedrigen Dienst der Schwester ist die Herrlichkeit des Herrn Gegenwart geworden, so gegenwärtig wie in der Feier der Eucharistie: »Das ist mein Leib«.

Andererseits kann beziehungsweise soll Liturgie, die innerlich wach gefeiert wird, auch die Augen für die Realitäten des Lebens öffnen. Auf der Römischen Bischofssynode im Jahre 2005 sagte ein afrikanischer Bischof vor den versammelten Synodenvätern: »Ich habe den Eindruck, dass es reiner Ritualismus ist, wie viele Christen Eucharistie feiern und den Leib des Herrn empfangen, der alle Menschen liebt, aber völlig ungerührt bleiben angesichts der Not ihrer Nächsten. Und ich frage mich, wie denn die Christen in der so genannten westlichen Welt, die Eucharistie feiern, dabei völlig ungestört im Frieden Christi zu leben scheinen, obwohl sie wissen, wie schlecht es den meisten Menschen auf der südlichen Halbkugel geht.« Die Teilnehmer der Synode waren über solch offene Worte sehr betroffen. Alle wussten, dass dieser Bischof Recht hat. Eucharistie ist die Hingabe von Leib und Blut – für mich persönlich, aber auch für alle, für den ganzen Leib Christi. Und die Fußwaschung ist wie eine Handlungsanweisung für uns alle und füreinander:»Ein Beispiel habe ich euch gegeben, damit auch ihr einander also tut.« Die symbolische Handlung der Fußwaschung beinhaltet einen Auftrag für weltweites Handeln, für globale Verantwortung.

Noch ein letzter Gedanke im Blick auf ein bemerkenswertes Detail in unserem Bild. Der in der Mitte des Tisches thronende Jesus steckt dem Judas, der vor ihm auf der anderen Seite des Tisches steht, einen Bissen Brot in den Mund. Diese Geste Jesu wird im Evangelium nach der Fußwaschung berichtet. Jesus hat ihm also die Füße gewaschen und obendrein persönlich einen Bissen Brot in den Mund gegeben. Dann heißt es, dass der Teufel in Judas fuhr und er hinausging in die Nacht (Joh 13,26–30). Aber Jesus hatte ihm vorher noch den Sklavendienst der Fußwaschung erwiesen, er hatte ihm noch wie allen anderen von dem Brot gereicht, das seine Todeshingabe »für die vielen« symbolisiert.

Jesus hätte sich auch mit einer anderen Geste des Verräters entledigen können. Aber er tut es mit zwei Gesten, die innige Zuwendung ausdrücken. Sie sind wie eine Verheißung, dass seine Zuwendung auch den Verrat des Judas überdauern könnte.

Hier steigt Jesus wirklich ganz hinunter. Er zeigt eine Liebe, die bis an die äußerste Grenze und noch darüber hinausgeht, eine äußerste Form von Liebe, Feindesliebe; eine Liebe, die auch den Verräter nicht ausschließen will. Was wollte Jesus denn anderes, als dass die Herrlichkeit des Vaters, aus der er kommt, aufstrahlt als Liebe und Dienen – bis an die äußersten Grenzen der Welt und des Menschseins? »Ein Beispiel habe ich euch gegeben, damit auch ihr einander also tut.«

Zum Nachdenken

- Wo und wann war/bin ich bereit, Menschen selbstlos zu dienen?
- Vermag ich das im Ritus symbolisch Zelebrierte stets auch in der Wirklichkeit umzusetzen? Woran scheitere ich?
- Handle ich auch in weltweiter, globaler Hinsicht immer bewusst und verantwortlich?

Meinrad Dufner

Ein noch nie aufgeführtes Theaterstück,
das aber allgemein schon bekannt ist.

II. Akt:
Der Priester in Rot

Leid, Leib, Leben,
Lehrertinte, Liebesschmerz,
Rosen, Zahlen, Wein,
Blut, Glut, ein Hut,
die ägyptischen Pfosten,
der Dornbusch des Mose,
das lange Haar der Frau aus Migdal,
Revolution samt Fahne,
Königsmantel
und stiller Abend, da alles vollbracht,
das Morgenrot nach durchlittener Nacht,
der Rock, die Lippen, die Tasche von ihr,
Halbmond und Kreuz
sind alle rot.
Die Erde ist rot.

In Rot, wie tot
liegt ein Mann am Boden,
im stillen Gebet.
Alles Rot betet IHN an,
der mit seinem Rot die Welt
weiß wusch.

Pirmin Hugger

Der Weg des Kreuzes
Karfreitag

Jesus wird zum Tode verurteilt

Gott lässt sich verurteilen. Lässt sich fesseln und zum Schweigen bringen. Der Mensch verurteilt Seinen Gott zum Sterben, um endlich in Ruhe leben zu können.

Tag um Tag geschieht dies. Bis Er nur noch eine Antiquität im Gottlosenmuseum ist. Dieser schwache, schweigende Gott!

Und doch ist gerade dies die Stunde Seiner höchsten Freiheit. Nichts sind die Fesseln, nichts die Soldaten, nichts der Prozess, nichts die Legion der Engel.

Weil Sein Ja alles ist in diesem elenden Schauspiel.

Jesus nimmt das Kreuz auf seine Schultern

Wir haben Ihm das Kreuz auferlegt. Wir alle. Und doch wäre dies nie geschehen, hätte Er selbst es nicht aus freier Hingabe gewollt.

Christus umfängt fast zärtlich, fast liebend das Kreuz, das Leid und Elend unserer bösen Geschichte. Und Er tut es, ohne zu klagen, ohne anzuklagen. Sondern schweigend.

Ganz anders als wir. Wie widerwillig nehmen wir die Kreuze unseres Lebens an und nehmen hin, was Er, ganz unverschuldet, frei auf sich genommen hat. Herr, lass uns das nie vergessen. Gib uns mit dem Kreuz auch ein wenig von Deiner Seelengröße, um es mit Dir tragen zu können.

Jesus fällt zum ersten Mal unter dem Kreuz

Ein Fallen, das Jesus in der ganzen Erbärmlichkeit Seines Menschseins aufzeigt. Hier ist nicht mehr das bewusste, göttlich frei gewählte Leiden. Hier ist nur noch die reine Passion: Auslieferung an eine Über-Last, die kein »Verstehen« mehr besitzt, sondern nur noch liebendes Sich-Fügen ins Unbegreifliche. Wozu »das noch«? Hätte der Vater nicht genug, wenn Golgotha, die letzte Station geschieht?

Aktiv »aufopfern«, auch des Härtesten, ist heroisch. Aber Heroisches muss noch nicht Liebe sein. Erst dort, wo das »Sinnlose« durchgetragen werden kann, vollzieht sich Erlösung. Und diese ist nur dort fruchtbringend, wo nicht mehr unser wohlabgezirkelter Wille geschieht, sondern das Größere: der Wille des Vaters.

Jesus begegnet seiner Mutter

Jeder Abschied ist Vorausbild und Einübung in ein letztes, endgültiges Weggehen. Denn in jedem Abschied stirbt etwas in uns. Und doch: Seit Jesus Abschied genommen hat von seiner Mutter, ist Fortgehen nur noch Durchgang, nur noch »Station«. Denn hier hat Er den Schmerz allen Scheidens überwunden. Von hier an setzt Abschied kein unaufhebbares Ende mehr, sondern verwandelt sich zu »Vorübergehendem«, zum Passah eines ewigen »Ich bin bei dir«.

70

Zwar sind noch immer die Tränen des Abschieds Zeichen eines verlorenen Paradieses, aber aufgehoben ist jene tödliche Tragik, die eine vorchristliche Hoffnungslosigkeit durchkosten musste. Orpheus und Eurydike sind erlöst ...»Auferstanden bin ich, und nun immer bei dir!«

Simon von Cyrene hilft Jesus das Kreuz tragen

Gott lässt sich helfen! Obwohl Er selbst uns sagte:»Geben ist seliger als Nehmen.« (Apg 20,35) Er will uns brauchen, will Mitarbeiter Seiner Gnade, Mit-Erlöser!

Natürlich könnte Er selbst ... Könnte ganz alleine. Aber es ist Sein Geheimnis, dass Er Menschen sucht, um – durch sie – Menschen zu finden. Dass Er dich und mich brauchen will, um diesen und jenen zu retten.

Sich so von Jesus in Dienst nehmen zu lassen! Wie blamabel, wie irritierend kann dies bisweilen sein: in Seiner Gesellschaft gesehen zu werden! Sein Kreuz mit zu tragen, wo eine Welt ringsum nach »personaler« Entfaltung ruft, nach »Recht auf Lust« ...

Veronika reicht Jesus das Schweißtuch

Heldenhafte Taten, geniale Leistungen sind in Jahrtausenden geschehen – und versanken im Vergessen der Geschichte. Ein Aufleuchten von Güte am Rande einer großsprecherischen Welt – winzige Selbstverständlichkeit – war es wert, im Gedächtnis der Menschen zu bleiben.

Eine schlichte Regung des Herzens und eine göttliche Antwort darauf: Veronika. Hier wurde Nehmen seliger als Geben ...

Mag etwas noch so unbedeutend sein und nur so »nebenbei« geschehen, in den Augen Gottes geht nichts verloren, wenn es nur aus einem reinen Herzen kommt: » ... denn sie werden Gott schauen!«

Jesus fällt zum zweiten Mal unter dem Kreuz

Erneuter Fall ist immer Rückfall. Jesus musste »rückfällig« werden, musste sehr, sehr tief fallen, um auch den letzten Sünder noch zu erreichen ...

Und dann steht Er wieder auf, um vor dem nächsten Fall jene zu trösten, die Seiner bedürfen. Er, der selbst eingetaucht ist in die bitterste Trostlosigkeit, erhebt sich mühsam wieder, um die Trostlosen zu trösten.

So richtet göttliche Größe selbst im Untergehen jene auf, die da fallen. Ist dies nicht überall so? Nur wer selbst gelitten hat, vermag wahrhaft und echt mitzuleiden.

Wer das Leid nicht selbst erfahren hat, kann höchstens Mit-Leid zeigen ...

Jesus begegnet den weinenden Frauen

Eva weint um Abel, solange die Welt besteht. Immer steht wartend die »Mutter des Lebens« an den Wegen und Stationen des Todes. Weinende Frauen, Allegorie einer trostlosen Erde. Kriegerdenkmäler und Soldatenfriedhöfe.

Sie, die Frau, die mehr zu leiden hat um das Geheimnis des Lebens, sie weiß auch tiefer um seinen Schmerz. Ihr ist die Klage um das Menschenlos am schwersten und sichtbarsten aufgebürdet.

Da, inmitten, steht Jesus: »Selig die Trauernden, denn sie werden getröstet werden«. Ja, selig seid ihr, die ihr noch Schmerz empfinden könnt in einer stumpfen, kalten Welt.

Jesus fällt zum dritten Mal unter dem Kreuz

Es sieht nicht sehr erhebend aus, wie Er sich so dahinschleppt, gezogen und geschoben. Wie Er ohnmächtig wird, »einfach nicht mehr kann«. Und – wie Golgotha zu scheitern droht.

Woher eigentlich unsere Einbildung, dass Leiden heroisch, mit Würde und Stolz getragen sein will, um überhaupt wertvoll zu sein? Verlangt denn Gott wirklich, dass wir immer »darüber stehen« können? Nein. Er will nur, dass wir unser Ziel erreichen. Wie auch immer. Dass wir nicht, des Streites müde, einfach liegen bleiben. Ruhe suchen im Straßenstaub dieser Welt ...

Jesus wird seiner Kleider beraubt

Die brutale Gemeinheit unserer Welt entreißt Ihm nun auch das Letzte. Keine Heimat, keinen Menschen, kein Kleid mehr. Nichts mehr.

Mysterium Seiner Liebe: Der verborgene Gott lässt sich von der Bosheit enthüllen, um Sein Herz zu offenbaren.

Herr, so aber haben wir uns »das Göttliche« nicht vorgestellt. Anders, strahlender – nicht so irdisch! Das also: »Der Leib Christi«? Ja, das ist Er. Der Leib, der auch Seine Kirche ist. Die heilige Kirche! Beschmutzt, verhöhnt, gebeugt, geschlagen bis in die letzten Fasern. Ja, eben auch die »Kirche der Sünder«, und doch (tröstliches Geheimnis!): Dein Leib.

Dein armer, geschundener Leib, Herr!

Jesus wird ans Kreuz genagelt

Der Mensch nagelt seinen Gott fest. Und Er, der Ungreifbare, lässt es geschehen.

Warum eigentlich haben wir Dich festgenagelt, festgeheftet auf das vierfache Maß dieser Welt? Um Dein Leben, Dein zartes, göttliches Leben aus diesem Leib herauszuhämmern?

Wozu auch? Nein, wir haben Deine Arme geweitet auf dieses Geländer am Abgrund, damit Du eine ganze Welt umarmen kannst! Dazu haben wir für alle Jahrhunderte Deine göttlichen Arme ausgespannt, rechts und links auf das Holz, und Deine Füße angenagelt: Damit Du nie mehr fortgehen kannst von uns!

Deshalb, Herr. Du weißt es!

Jesus stirbt am Kreuz

Drei Jahre hat Er gewirkt. Hungernde gesättigt, Kranke geheilt, Tote erweckt. Alles zerfiel wieder, ging den Weg des Irdischen: Menschen hungerten wieder, wurden krank und starben ihren Tod.

Jetzt »tut« Er nichts mehr. Angenagelt an den Schmerz, dem Willen des Vaters anheimgegeben, wirkt Er das Bleibende. Über Jahrtausende hinweg »handelt« Er jetzt, in diesen drei Stunden, an Dir und mir.

Vielleicht besteht die reinste Produktivität auch unseres Lebens darin, wo wir selbst – mit Ihm – nichts anderes mehr sind als dies: Passion. Denn unsere Welt kann nur durch jene Liebe ins Ziel gebracht werden, die im Schmerz geboren wurde ...

Jesus wird ins Grab gelegt

Endlich ist Er aus dem Weg geräumt. Beseitigt. Liquidiert. Gott ist tot. Man kann aufatmen und endlich: leben! »Die Welt freut sich, ihr aber werdet trauern ...« Wehe! Selig!

So hat die gute Erde Ihn aufgenommen. Das Weizenkorn ist eingegangen in das Land Seiner Schöpfung. Ist gestorben und begraben worden, um des Lebens willen.

Drei Tage also währt immer euer Schmerz. Nur eine kleine Weile. Ihr wisst doch: Jonas! Drei Tage, und das Land wird seine Frucht bringen. Und seid dessen gewiss: Gottes Bild ist der Ring! Sein Ende ist immer ein Anfang. Habt Geduld. Morgen wird Tag sein.

Jesus wird vom Kreuz abgenommen

Sie hält den in ihren Armen, der sie in ihrem Dasein hält. Der Ewige wird vom Sterblichen getragen, das Leben vom Tod betrauert.

Das ist die letzte Paradoxie göttlicher Gedanken. Scheinbares Ende ist erst wirklicher Anfang. Und Maria ist dabei der priesterliche Mensch, in dessen Händen alles zum Opfer wird. Magd und Dienerin bis zum Äußersten. Und der Sinn alles Leidens, alles Opferns? Er liegt bei Gott. Es genügt für den Menschen in solcher Stunde, einfach Ja zu sagen.

Und zu wissen, dass nur Geopfertes verwandelt werden kann und dass nur so Verwandeltes teilhaben wird an der Ewigkeit Gottes.

- Worin besteht das Kreuz meines Lebens? War/bin ich bereit, es auch wirklich anzunehmen?
- Kann ich noch Mitleid, noch Schmerz empfinden in einer Welt, die immer stumpfer und kälter zu werden scheint?
- Bilde ich mir manchmal immer noch ein, dass ich mein Leiden heroisch, würdig und stolz ertragen müsste, damit es wertvoll ist und ich Gott gefallen kann?

Meinrad Dufner

Ein noch nie aufgeführtes Theaterstück,
das aber allgemein schon bekannt ist.

III. Akt:
Umhergehen in weißen Gewändern

In weiße Binden
eingewickelt, liegt der Leichnam.
Schweigen,
wie eine weiße Wand, so unbestimmt und ausgeleert.

Und plötzlich
ruft Leben und –
umhergeht eine Lichtgestalt,
leuchtet strahlend weiß:
auferstandener Christus.

Ihm nach
feiern die Seinen Osternacht,
alle in Weiß,
halten Kerzen in Händen,
machen die Nacht zu strahlendem Tag.

Tags drauf und weiter
und weiter laufen sie weiß

und erleuchtet herum,
wollen das Lichtwesen nicht mehr ablegen.
Sie tragen die Kleider von Seligen.
Königskleider,
Ärztekittel,
sie wollen alle Welt von Hass und Krankheit heilen.

Der Tod schwenkt
die weiße Fahne, hat kapituliert.
Der Siegeszug geht fünfzig Tage lang
bis Pfingsten.
Aller Welt wird ein Licht aufgesteckt,
wie neugeborene Kinder
behaupten die Christvollen,
es läge noch alles Leben vor ihnen,
ewiges Leben wollen sie weismachen.
Sie haben ihre Kleider weiß gewaschen
im Blut des Lammes,
das als Sündenbock in die Wüste geschickt wurde für alle.

Der Zug hat kein Ende mehr,
jeder Getaufte ist Kandidat,
Weißgewordener, erwählt
zum Licht, das alle Farben in sich vereint
und Fülle ist: Gottes Schweigen,
Tabula rasa,
frei für Offenbarung ohne Ende.

Pirmin Hugger

Realität
Ostersonntag

Ihr seid mit Christus auferweckt; darum strebt nach dem, was im Himmel ist, wo Christus zur Rechten Gottes sitzt. Richtet euren Sinn auf das Himmlische und nicht auf das Irdische! Denn ihr seid gestorben, und euer Leben ist mit Christus verborgen in Gott. Wenn Christus, unser Leben, offenbar wird, dann werdet auch ihr mit ihm offenbar werden in Herrlichkeit.

Kol 3,1–4

Was heißt »Realität«? Was ist eigentlich »die Wirklichkeit«? Was sind die Dinge, die wir schauen, tasten, fühlen – und so zu begreifen versuchen? Anders gefragt: Sind die Dinge und Erfahrungen tatsächlich so eindeutig, wie es unsere Sinne Tag für Tag uns klarzumachen versuchen?
Was heißt also »Realität«? Je länger ein Mensch lebt, desto mehr muss er umlernen, muss er sein Wissen um die Dinge korrigieren. Wie oft haben wir schon, überrascht und verwundert, sagen müssen: Jetzt sehe ich alles in einem ganz anderen Licht! Ein und dasselbe, gestern noch in sicherem Griff, erscheint uns heute so ganz anders, in einem völlig neuen Licht. Was uns gestern noch eindeutig erschien, sieht heute ganz anders aus, oft so sehr, dass wir nur staunen können über unsere Selbstsicherheit von gestern.

In dieser Nacht haben wir es erlebt, mehr noch, gefeiert, was es heißt: alles in einem völlig neuen Lichte zu sehen. »Lumen Christi«, Licht unseres Christus, haben wir ausgerufen, und »Deo gratias«, Gott sei Dank dafür! Wie fragend fast noch – am Anfang im Dunkel ringsum, dann aber immer sicherer, bewusster: Lumen Christi! Von Stufe zu Stufe, von einem Docht zum andern immer heller und heller werdend, hat es uns und alle Winkel und Dinge ergriffen, hat sich auf den Stein gelegt, das Holz, die Blumen und auf die schweren Massen der Mauern. Und wir haben unsere Gesichter gesehen, die nur allzu bekannten Gesichter des Alltags, aber das alles in einem ganz anderen Licht. Verwandelt fast, wie eine Ahnung des Ewigen.

»Romantische Illusion«, hört man da die Skeptiker sagen, die »Realisten vom Dienst«. Wirklich nur das? Oder haben wir nicht doch etwas gesehen, etwas Wahres und Wirkliches, das die Tageshelle uns vorenthält? Etwas Wahres und Wirkliches, ein Faktum, das nur im Lichtstrahl des Auferstandenen gesehen werden kann? Nämlich: die Dimension des Ewigen im Reflex des Irdischen. Als Sinnbild, besser: als sinnenhaftes Bild jener Wahrheit, die Jesus und dann seine Jünger »Auferstehung« nannten. Die Nacht wollte uns sagen: Wenn ihr die Dinge und Geschehnisse um euch her, wenn ihr euer Leben und eure Leiden einmal in einer ganz anderen Beleuchtung sehen wollt, dann betrachtet es im Licht des Auferstandenen. Ihr könnt es dank der Gnade, die euch die Taufe geschenkt hat. Photismós heißt sie in der griechischen Kirche: »Erleuchtung«. Ihr könnt es heute, und auch dann noch, wenn die Osterfreude wieder dahingeschmolzen ist vor lauter Alltag. Das wird sicher eintreten, aber »nur Mut«, der Auferstandene kehrt nicht mehr in sein Grab zurück. Er ist bei uns, was auch kommen mag.

Paulus gab uns den Rat: Richtet euren Sinn nicht auf das Irdische, sondern auf das Himmlische. Meint er damit – wie oft missverstanden – Weltflucht, als schon jenseitige Menschen dem Kreuzweg der spröden Wirklichkeit ausweichen und sich zurückziehen in die Scheinwelt frommer Versponnenheit? Also, meine Lieben, wir haben uns nicht gescheut, trotz des Lumen Christi heute Nacht das elektrische Licht wieder einzuschalten. Das nüchterne Licht unserer Generatoren. Und doch: Das Licht der Osterkerze durfte weiterbrennen, musste weiterbrennen in der verzweifelten Richtungslosigkeit unserer technischen Wunderwelt.

Das heißt doch wahrhaft Christsein: in beiden Lichtern die Erde zu betrachten und die darin liegende Spannung auszuhalten, nicht das eine um des anderen willen zu löschen. Das wäre leicht, und die Versuchung, die Dinge auf diese Weise zu vereinfachen, stand immer wieder auf in zweitausend Jahren. Radikale Weltverneinung und gottlose Welthingerissenheit. Ostern sagt ein volles Ja zum Irdischen, zum Konkreten und Aufgeladenen, aber dies alles unter dem leuchtenden Aspekt des Ewigen. Im auferstandenen Christus erkennen wir unsere geliebte Materie wieder, aber geheilt und gerettet. Und ich sehe meine dunklen Stunden und mein verschwiegenes Leid schmerzhaft wie bisher, und doch in einem ganz anderen Licht. Wahrhaftig, das ist unser Glaube, der Glaube, der die Welt überwindet mit all ihrem Elend: Lumen Christi.

Zum Nachdenken

■ Sind die Dinge, die ich durch meine Sinne wahrnehme, tatsächlich so eindeutig und real? Was heißt »Wirklichkeit« überhaupt?

■ Wie oft habe ich in meinem Leben feststellen müssen, dass sich mir die Dinge dieser Welt plötzlich in einem gänzlich anderen Licht als zuvor offenbarten?

■ Was kann ich tun, um meinen Blick wieder mehr auf das Himmlische statt nur auf das Irdische zu richten?

Pirmin Hugger

Etiam – auch das noch?
Ostermontag

*Am gleichen Tag waren zwei von den Jüngern auf dem Weg in ein
Dorf namens Emmaus, das sechzig Stadien von Jerusalem entfernt
ist. Sie sprachen miteinander über all das, was sich ereignet hatte.
Während sie redeten und ihre Gedanken austauschten, kam Jesus
hinzu und ging mit ihnen. Doch sie waren wie mit Blindheit
geschlagen, so dass sie ihn nicht erkannten. Er fragte sie: Was sind
das für Dinge, über die ihr auf eurem Weg miteinander redet?
Da blieben sie traurig stehen, und der eine von ihnen – er hieß
Kleopas – antwortete ihm: Bist du so fremd in Jerusalem, dass du
als Einziger nicht weißt, was in diesen Tagen dort geschehen ist?
Er fragte sie: Was denn? Sie antworteten ihm: das mit Jesus von
Nazaret. Er war ein Prophet, mächtig in Wort und Tat vor Gott
und dem ganzen Volk. Doch unsere Hohenpriester und Führer
haben ihn zum Tod verurteilen und ans Kreuz schlagen lassen.
Wir aber hatten gehofft, dass er es sei, der Israel erlösen werde.
Und dazu ist heute schon der dritte Tag, seitdem das alles geschehen ist. Aber nicht nur das: Auch einige Frauen aus unserem
Kreis haben uns in große Aufregung versetzt. Sie waren in der
Frühe beim Grab, fanden aber seinen Leichnam nicht. Als sie
zurückkamen, erzählten sie, es seien ihnen Engel erschienen und
hätten gesagt, er lebe. Einige von uns gingen dann zum Grab und
fanden alles so, wie die Frauen gesagt hatten; ihn selbst aber sa-*

hen sie nicht. Da sagte er zu ihnen: Begreift ihr denn nicht? Wie schwer fällt es euch, alles zu glauben, was die Propheten gesagt haben. Musste nicht der Messias all das erleiden, um so in seine Herrlichkeit zu gelangen? Und er legte ihnen dar, ausgehend von Mose und allen Propheten, was in der gesamten Schrift über ihn geschrieben steht. So erreichten sie das Dorf, zu dem sie unterwegs waren. Jesus tat, als wolle er weitergehen, aber sie drängten ihn und sagten: Bleib doch bei uns; denn es wird bald Abend, der Tag hat sich schon geneigt. Da ging er mit hinein, um bei ihnen zu bleiben. Und als er mit ihnen bei Tisch war, nahm er das Brot, sprach den Lobpreis, brach das Brot und gab es ihnen. Da gingen ihnen die Augen auf, und sie erkannten ihn; dann sahen sie ihn nicht mehr. Und sie sagten zueinander: Brannte uns nicht das Herz in der Brust, als er unterwegs mit uns redete und uns den Sinn der Schrift erschloss? Noch in derselben Stunde brachen sie auf und kehrten nach Jerusalem zurück, und sie fanden die Elf und die anderen Jünger versammelt. Diese sagten: Der Herr ist wirklich auferstanden und ist dem Simon erschienen. Da erzählten auch sie, was sie unterwegs erlebt und wie sie ihn erkannt hatten, als er das Brot brach.

Lk 24,13–35

Die Überlieferung und Darstellung der Passion Jesu stimmt in allen vier Evangelien weithin überein. Es sind unglaublich nüchterne Berichte, die einfach Fakten bieten – ohne sich in tiefer gehende Deutungen zu verlieren. Auch die Begegnungen und Erfahrungen mit dem auferstandenen Herrn, seinem einfachen, unspektakulären »Wieder-da-Sein« sind ohne deutendes Kommentieren. Einfacher kann die Schilderung jenes verwirrenden Geschehens an jenem »Ersten Tag der neuen Woche« nicht sein: ER lebt! Er ist wieder in unserer Mitte! Unglaublich, aber wahr …

Doch was die schweren Tage zuvor zu bedeuten hatten – für Ihn wie für die Seinen –, davon spricht erst heute die Apostelgeschichte und auch erst »nach Pfingsten«, in tastenden Versuchen, die Erfahrung dieses Geschehens ins Wort zu fassen und zu verstehen. Keine Rede von großartiger Theologie, ganz zu schweigen von wortreichen Theorien über einen sühnenden Tod. Dass die Gerechtigkeit eines abrechnenden Gottes im Himmel ein Anrecht hatte auf solch ein Sterben am Kreuz, dass es gar notwendig war, um die göttliche Sündenvergebung zu ermöglichen. Kein Wort davon.

Erst in den Paulusbriefen wird der Tod Jesu allmählich und sehr vorsichtig so gesehen – eben im Deutungshorizont des alttestamentlichen, schlachtenden und damit versöhnenden Sühnekultes. Der Hebräerbrief schließlich bewegt sich nur noch in diesem Deutungshorizont. Breit ausgewalzt wird seine Sicht erst im Spätmittelalter und vor allem in der Reformation, die den Karfreitag dann zum höchsten Feiertag des Kirchenjahres erhob. Nicht genug konnte man Worte meditieren wie jenes: »Wie wunderbarlich ist doch diese Strafe / der Hirte leidet für die Schafe / Die Schuld bezahlt der Herr, der Gerechte / für seine Knechte.« (Johann Heermann, 1680. GL Nr. 180, Ev. Gesangbuch Nr. 81)

Aber lassen wir das alles einmal beiseite und hören wir auf jene Deutung, die Jesus selbst im Evangelium seinen beiden Jüngern gegeben hat. Er fragte: »Begreift ihr denn nicht? Wie schwer fällt es euch, alles zu glauben, was die Propheten gesagt haben?« (Lk 24,25). Es fiel ihnen schwer! Es war einfach unbegreiflich. Sie wussten um die Prophetenschicksale, sie kannten die Prophetenmorde von Anfang an bis hin zu Johannes dem Täufer. Sie kannten sehr wohl die Leidensgeschichte des Gottesknechtes bei Jesaja, die auch wir jeden Karfreitag lesen, und zwar direkt vor der Passion. Sie hatten das alles im Kopf, aber ihr Herz schrie »Nein«, als es dann so weit war. Als sich auch an ihm das Prophetenschicksal zu erfüllen begann.

Sie konnten nicht begreifen, weil es für sie, die treuen Anhänger und Anhängerinnen des geliebten Rabbi, einfach nicht wahr sein durfte. Das war ja Wahnsinn: Da kommt endlich der, der die Welt und ihre bösen und leidenden Menschen erlösen will – und er wird selbst ein Opfer dieser Welt ... Warum auch er? Warum »musste der Messias« leiden? Die zwei Jünger haben keine Antwort. Natürlich haben sie die in drei Jahren anwachsende Feindschaft miterlebt, den spürbaren Neid der Schriftgelehrten und die Eifersucht der Pharisäer, natürlich hatte er sie auf die Katastrophe vorbereitet, aber sie konnten es einfach nicht glauben. Irgendein geniales Wunder würde ihren Meister doch sicher herausreißen, notfalls unter Einsatz von Waffen. Und dann der totale Zusammenbruch aller Hoffnungen: »Er werde Israel erlösen ... «

Genau dieses Israel hat aus Enttäuschung den so ganz anderen Jesus beiseitegeräumt. Und so führt der Auferstandene die beiden Jünger an die Propheten heran und zeigt ihnen: Der wahre Gottesknecht, der Gott ganz treu ergebene Prophet leidet. Es geht gar nicht anders. Leiden bis hin zum Martyrium. Er »muss« es. Denken wir nur an das Gottes- und Menschenleid des Jeremia. Mit glühendem Herzen verkündete er die Wahrheit und dafür spannte man ihn ins Eisen, warf ihn in die Zisterne, verbrannte der König die Buchrolle seiner Predigten. »Seht den Propheten«, sagt Jesus, »wo Liebe ist, da ist Leid, wo die Wahrheit gesagt wird, dort gibt es Widerstand, wo Treue ist, da ist auch das Kreuz. Aber die Liebe klärt alles, versteht alles, auch den Schmerz.« Jesus braucht keinen gestillten Gotteszorn. Für ihn und den Vater im Himmel vollzog sich alles, von der Krippe bis ans Kreuz, in der Logik der Liebe, nicht in der des Rechts.

Und ein Letztes: Im Credo singen wir: crucifixus etiam pro nobis. Das Wörtchen etiam ist wie ein Nachbeben auf das Entsetzen der Jünger von Emmaus: Gekreuzigt wurde er auch für uns. Etiam – auch das noch, oder wie wir früher beteten: Gekreuzigt wurde er sogar für uns. Sogar dahinein hat er sich fallen lassen – für uns.

So sehr hat Gott die Welt geliebt, dass er unsere Menschenwege mitging bis zum Äußersten. Er kehrte nicht um am Lagertor von Auschwitz, er ging mit uns und für uns hinein. Ein Mensch geworden ist er aus der Passion Gottes für den Menschen, und diese vollendete sich in der vollkommenen Hingabe – der Passion am Kreuz. Deshalb musste alles so sein. Auch das. »Und Gott sah, dass es gut war« – wie im Anfang der Welt (Gen 1,12), so auch jetzt am österlichen Tag in Emmaus.

Eine kleine Anmerkung zum Schluss: Etiam! Warum haben die Väter des Konzils von Nizäa im Jahre 325 das etiam (griech.: te kai) ins christliche Glaubensbekenntnis gesetzt? Weil das Kreuz gegen alle »menschliche Weisheit« steht, die ihm ja unter allen Umständen aus dem Wege geht. Doch so tief beugte sich Gott in der Inkarnation zum Menschen hin, dass »auch das noch« Ihn erfasste.

Es ist ein Trauerspiel, dass die ökumenische Neufassung des deutschen Credos das etiam einfach unter den Tisch fallen ließ – wie etwas Nebensächliches, Unwichtiges. Offensichtlich haben die dafür Zuständigen 1975 es einfach nicht (mehr) verstanden ... Geradezu flach lautet es nun: »Er wurde für uns gekreuzigt« ... Schade, nicht nur bedauerlich!

Zum Nachdenken

- Was steht meinem Glauben – noch – im Wege?
- Zweifle ich mitunter an der Auferstehung des Herrn? Suche ich wie die Jünger in den ersten Tagen nach der Passion immer noch nach »Beweisen«?
- Bin ich mir dessen bewusst, dass Jesus Christus auch für mich ganz persönlich gekreuzigt wurde?

Anastasius Reiser

Die Berührung
Zweiter Ostersonntag

*Am Abend dieses ersten Tages der Woche, als die Jünger aus
Furcht vor den Juden die Türen verschlossenen hatten, kam Jesus,
trat in ihre Mitte und sagte zu ihnen: Friede sei mit euch! Nach
diesen Worten zeigte er ihnen seine Hände und seine Seite. Da
freuten sich die Jünger, dass sie den Herrn sahen. Jesus sagte noch
einmal zu ihnen: Friede sei mit euch! Wie mich der Vater gesandt
hat, so sende ich euch. Nachdem er das gesagt hatte, hauchte er
sie an und sprach zu ihnen: Empfangt den Heiligen Geist! Wem
ihr die Sünden vergebt, dem sind sie vergeben; wem ihr die Vergebung verweigert, dem ist sie verweigert ... Thomas, genannt
Didymus (Zwilling), einer der Zwölf, war nicht bei ihnen, als
Jesus kam. Die anderen Jünger sagten zu ihm: Wir haben den
Herrn gesehen. Er entgegnete ihnen: Wenn ich nicht die Male der
Nägel an seinen Händen sehe und wenn ich meinen Finger nicht
in die Male der Nägel und meine Hand nicht in seine Seite lege,
glaube ich nicht. Acht Tage darauf waren seine Jünger wieder
versammelt, und Thomas war dabei. Die Türen waren verschlos-
sen. Da kam Jesus, trat in ihre Mitte und sagte: Friede sei mit
euch! Dann sagte er zu Thomas: Streck deinen Finger aus – hier
sind meine Hände! Streck deine Hand aus und leg sie in meine
Seite, und sei nicht ungläubig, sondern gläubig! Thomas antwortete ihm: Mein Herr und mein Gott! Jesus sagte zu ihm: Weil*

89

du mich gesehen hast, glaubst du. Selig sind, die nicht sehen und doch glauben.

Joh 20,19–31

Eine der innigsten Berührungen zwischen Gott und einem Menschen ist im Neuen Testament die Begegnung zwischen dem Apostel Thomas und Jesus. Aus der Tradition der Kirche kennen wir Thomas als den »Ungläubigen«. Zu Unrecht, wie ich meine. Er hatte einfach nicht das Glück der anderen Apostel, sonntags, nach der Auferstehung Jesu, dabei zu sein, als Jesus sich den Jüngern zeigte. Was hätte wohl ein Petrus gesagt, der an anderen Stellen der Evangelien immer wieder Einwände und Zweifel hatte, wenn er nicht dabei gewesen wäre, als Jesus sich den anderen Jüngern gezeigt hat?

Thomas war also nicht dabei, als sich an Ostern Jesus den Jüngern gezeigt hat. Als er zurückkommt, erfährt er, dass sie den Herrn gesehen haben. Und er sagt seinen berühmten Satz: »Wenn ich nicht die Male der Nägel an seinen Händen sehe und wenn ich meinen Finger nicht in die Male der Nägel und meine Hand nicht in seine Seite lege, glaube ich nicht.« Also doch der Ungläubige?

Stellen wir es uns einmal vor, wir wären in der Situation Thomas' gewesen. Hätten wir geglaubt? Eine unwahrscheinliche Situation, gerade vorgestern noch am Kreuz. Ende eines Traumes, keine Hoffnung, Angst? Und dann kommt man heim und alle behaupten: Jesus lebt!

Für Thomas ging das einfach zu schnell! Er hatte den Tod Jesu noch nicht verarbeitet und brauchte Zeit. Er scheint auch ein Mensch gewesen zu sein, der sehr selbstbewusst auftritt. Einer, der weiß, was er will: »Wenn ich nicht ..., dann glaube ich nicht!« Die Frage ist nun, wie gehen wir mit Menschen um, die so sind, die Zeit brauchen, die aber auch von ihrem

»hohen Ross« des Stolzes heruntermüssen, damit sie etwas begreifen?

Jesus kommt ja wieder zurück. Nach einer Woche ist er wieder da. Was glauben Sie, ist in dieser Woche unter den Jüngern geschehen? Thomas wird wohl bei seiner festgefahrenen Meinung geblieben sein und die Jünger waren schon voll der neuen Hoffnung. Eine Woche lang Verhärtung auf der einen Seite, Freude und neues Leben auf der anderen Seite. Man denkt, da wäre nun ein klärendes Wort nötig, etwa: »Sagt es dem Thomas doch endlich!«

Und das klärende Wort kommt. Doch nun passiert Folgendes: Jesus tritt in die Mitte. Er hält keine ermahnende Rede »vor« den Jüngern, um Thomas so richtig vorzuführen: »Wie kann man nur so ignorant sein?« Nein, er tritt in die Mitte, das heißt, er ist »mit« ihnen zusammen, alle sind gleichberechtigt. Dann lädt er Thomas ein, ganz nah an ihn heranzutreten. Die eigene Hand in die Seite Jesu zu legen, das geht nicht aus der Entfernung. Dazu muss man schon ganz nah an Jesus herantreten – und auch herankommen dürfen! Jesus lässt diese Nähe zu. Er öffnet sich ganz dem Thomas, damit auch er die Erfahrung der Auferstehung machen kann. Die Worte Jesu: »Streck deine Hand aus« werden nicht vom Lehrstuhl von oben herab gesprochen, sie werden von Auge zu Auge, ganz nah und in einem ganz normalen Ton gesprochen.

Jesus versteht, dass Thomas Zeit braucht, und hat ihm die Woche zugestanden. Er hat ihn gekannt als jemanden, der selbstbewusst auftritt und sich nicht leicht überzeugen lässt. Jesus ist darauf eingegangen und hat die Auferstehung für Thomas so erfahrbar gemacht, damit dieser es verstehen konnte. Individuelle Seelsorge, würden wir heute sagen. Das ist ein ganz zärtlicher Umgang, den Jesus pflegte. So hat Jesus Thomas zur Seite genommen und nicht vor allen bloßgestellt. Jeder konnte sein Gesicht wahren. Thomas wurde nicht beleidigt und die Erfahrung der anderen Jünger, die ja schon eine Woche länger die Erfahrung der Auferstehung hatten, nicht geschmälert.

Als Thomas seine Hand in die Seite Jesu legen durfte – das ist wohl die tiefste Berührung gewesen, die ein Mensch mit Gott jemals erleben kann! »In« seine Seite legen, nicht nur berühren – tief in Jesus hinein.

Wenn wir Eucharistie feiern, einen Messgottesdienst, dann sind wir eingeladen, Jesus zu berühren! »Streck deine Hand aus!«, sagt er dann auch zu uns, zu jedem Einzelnen, bevor wir die Hostie, den Leib Christi, empfangen dürfen und Jesus sich in unsere Hand legt. Der Zweite Sonntag der Osterzeit wird auch als der »Weiße Sonntag« bezeichnet. Traditionell der Termin für die Erstkommunion. Kinder, die zum ersten Mal zur Kommunion gehen, erleben diese Berührung sehr innig. Und es ist auch dieses Gefühl von unmittelbarer Nähe, welche besonders Kindern zu eigen ist, die wir brauchen, um Jesus berühren, ihm wirklich begegnen zu können.

Wir Mönche leben aus dieser Nähe zu Jesus Christus. Doch diese Nähe muss gepflegt werden. Täglich knüpfen wir in unseren Gebetszeiten an diesem Netz, das uns mit Jesus und den Menschen verbindet. Unser Stundengebet und die Messe sind unser Weg, um offen zu werden für die Begegnung mit Christus als dem Auferstandenen. Wenn wir hart geworden sind, wenn wir festgefahren sind in unseren Meinungen, uns nicht ändern lassen wollen, dann gibt uns Jesus die Zeit, die wir brauchen, um wieder »weich« zu werden, wie der Apostel Thomas. Behutsam nimmt er uns an seine Hand und spricht zu uns in leisen Tönen. Nicht im Schall von lauten Worten.

Damit unsere Antworten leise werden! Damit wir nicht so herumschreien und meinen, wir hätten die Wahrheit auf unserer Seite! Die Antwort von Thomas ist leise geworden: »Mein Herr und mein Gott«. Das sind Worte, die man nicht mehr laut sagen kann. Das sind Worte, die aus dem Innern kommen, die aus einem plötzlichen Erwachen heraus gesprochen werden. Ganz anders als der erste Satz von Thomas, noch mit dem Brustton der Überzeugung gesprochen: »Wenn ich nicht ... , dann glaube ich nicht.«

Es hat sich ein Wandel vollzogen. Jesus hat Thomas an die Hand genommen und ihm gezeigt, dass er auferstanden ist. Lassen auch wir uns von Jesus an die Hand nehmen, lassen wir uns ihn im Brot der Eucharistie auf unsere Hand legen, um in der Berührung mit ihm das wahre Leben zu haben.

Zum Nachdenken

- Was verbindet mich mit dem »ungläubigen« Thomas?
- Wie steht es um meine eigenen Einwände und Zweifel hinsichtlich des Glaubens?
- Wann bin ich Jesus zuletzt begegnet? Wann habe ich das Gefühl unmittelbarer Nähe zu ihm gehabt?

Pirmin Hugger

Kein Blick zurück im Zorn
Dritter Ostersonntag

Da sagte er zu ihnen: Begreift ihr denn nicht? Wie schwer fällt es euch, alles zu glauben, was die Propheten gesagt haben. Musste nicht der Messias all das erleiden, um so in seine Herrlichkeit zu gelangen? Und er legte ihnen dar, ausgehend von Mose und allen Propheten, was in der gesamten Schrift über ihn geschrieben steht. So erreichten sie das Dorf, zu dem sie unterwegs waren. Jesus tat, als wolle er weitergehen, aber sie drängten ihn und sagten: Bleib doch bei uns; denn es wird bald Abend, der Tag hat sich schon geneigt. Da ging er mit hinein, um bei ihnen zu bleiben. Und als er mit ihnen bei Tisch war, nahm er das Brot, sprach den Lobpreis, brach das Brot und gab es ihnen. Da gingen ihnen die Augen auf, und sie erkannten ihn; dann sahen sie ihn nicht mehr. Und sie sagten zueinander: Brannte uns nicht das Herz in der Brust, als er unterwegs mit uns redete und uns den Sinn der Schrift erschloss? Noch in derselben Stunde brachen sie auf und kehrten nach Jerusalem zurück, und sie fanden die Elf und die anderen Jünger versammelt. Diese sagten: Der Herr ist wirklich auferstanden und ist dem Simon erschienen. Da erzählten auch sie, was sie unterwegs erlebt und wie sie ihn erkannt hatten, als er das Brot brach. Während sie noch darüber redeten, trat er selbst in ihre Mitte und sagte zu ihnen: Friede sei mit euch! Sie erschraken und hatten große Angst, denn sie meinten, einen Geist zu sehen. Da sagte er zu ihnen: Was seid ihr so bestürzt? Warum lasst ihr in eurem Her-

95

zen solche Zweifel aufkommen? Seht meine Hände und meine Füße
an: Ich bin es selbst. Fasst mich doch an, und begreift: Kein Geist hat
Fleisch und Knochen, wie ihr es bei mir seht. Sie staunten, konnten
es aber vor Freude immer noch nicht glauben. Da sagte er zu ihnen:
Habt ihr etwas zu essen hier? Sie gaben ihm ein Stück gebratenen
Fisch; er nahm es und aß es vor ihren Augen. Dann sprach er zu
ihnen: Das sind die Worte, die ich zu euch gesagt habe, als ich noch
bei euch war: Alles muss in Erfüllung gehen, was im Gesetz des Mose,
bei den Propheten und in den Psalmen über mich gesagt ist. Darauf
öffnete er ihnen die Augen für das Verständnis der Schrift. Er sagte
zu ihnen: So steht es in der Schrift: Der Messias wird leiden und
am dritten Tag von den Toten auferstehen, und in seinem Namen
wird man allen Völkern, angefangen in Jerusalem, verkünden, sie sol-
len umkehren, damit ihre Sünden vergeben werden. Ihr seid Zeugen
dafür.

Lk 24,35–48

Im Rückblick auf den Karfreitag setzt Lukas im 24. Kapitel seines
Evangeliums, das ganz vom österlichen Geschehen des »Ersten
Tags der neuen Woche« spricht, dreimal das schwere Wort vom
»Müssen«. Es »musste« so sein, es musste alles so kommen, wie es
kam. In den Versen 6b/7 erinnern zwei Engel die Frauen, die Jesus
schon in Galiläa begleitet hatten, an seine Worte von damals: »Erinnert euch an das, was er euch gesagt hat, als er noch in Galiläa
war: der Menschensohn muss den Sündern ausgeliefert und gekreuzigt werden, und: dass er am dritten Tage wieder aufferste-
hen werde.« Auf dem Weg nach Emmaus sagt er zu den beiden
Jüngern: »Begreift ihr denn nicht? Warum fällt es euch so schwer,
an all das zu glauben, was die Propheten doch vorhergesagt haben?
Musste denn nicht der Messias das alles erleiden?« (Lk 24,25f).
Und ein drittes Mal erklingt dieses Wort Jesu im Kreis der Jünger
in Jerusalem: »Das sind die Worte, die ich euch gesagt habe, als

ich noch bei euch war: Alles muss in Erfüllung gehen, was im Gesetz des Mose, bei den Propheten und in den Psalmen über mich gesagt ist.« (Lk 24,44)

Wenn dunkle Tage über uns kommen, wenn wir schwere Jahre im Rückblick auf unsere Lebensgeschichte betrachten, dann wissen wir oft nicht, wie wir »das alles« werten sollen ... Wir mussten durch so vieles schon hindurch, das nichts als pures Leiden war, dem wir heute noch keinen Sinn abringen können. Warum traf mich genau damals diese Krankheit, die meine Pläne vernichtete, meinen Urlaub ins Wasser fallen ließ? Und ich habe mich so darauf gefreut ... ! Aber dann gibt es auch das andere: Mein Flugzeug, das ich schon lange gebucht hatte, verunglückte bereits beim Start. Ich wäre nun einer von den vielen Toten, wenn ich nicht ausgerechnet in jener Woche – krank gewesen wäre! Wir »müssen« von Morgen bis Abend. Jeden Tag immer so viel tun oder unterlassen, hören oder verschweigen, manches begründet, anderes zufällig – und manchmal kommen wir uns vor wie Marionetten, die, von unsichtbaren Fäden gezogen, dies und jenes einfach tun müssen: zwangsläufig, schicksalsgesteuert, zielwärts gestoßen.

Der Mann aus Galiläa. Er ging, ganz frei und doch ganz dem Vater gehörend, seinen Weg. Er wusste, was auf ihn zukommt: das Schicksal aller Propheten. Er wusste, dass auch er leiden muss. Weil jeder in dieser Welt, der sich der absoluten Wahrheit und Gerechtigkeit verschreibt, dem Leiden ausgesetzt ist. Und zwar so, dass man fast von einem »Naturgesetz« sprechen möchte: Wasser »muss« dem Meer entgegenströmen, der losgelassene Stein »muss« zu Boden fallen und jedes biologische Leben verbraucht sich und – stirbt einmal. Es kann nicht anders ausgehen als so: Ein Meteor fliegt herein in die Erdatmosphäre. Sie ist sein Tod. Herrlich leuchtet er auf – und verglüht unter den physikalischen Gesetzen unserer Erde. Er »stirbt« an ihnen.

So ist auch Jesus, der Himmlische, gestorben an der Realität unserer Geschichte. Was in der seligen Weihnacht begann, das konnte ja – weil er wirklich Mensch, wirklich einer von uns werden wollte – gar nicht anders enden. Nicht weil ein auf sühnende Opfer pochender Gott es verlangte, sondern weil die Logik der Liebe ihn diesen Weg der Hingabe führte. Das Ideal der radikalen »Selbstverwirklichung« findet immer wieder Auswege und Umleitungen, um sich den Schmerz vom Leib und von der Seele zu halten.

Er konnte, wollte das nicht, er musste seinen Weg gehen – von Betlehem bis Golgotha. Et homo factus est: Mensch geworden ohne Privilegien.

Stellen wir uns einmal das Gegenteil vor: Jesus, der gefeierte Rabbi aus Galiläa, der die Kinder segnet und die Schriftgelehrten ins Bockshorn jagt, der von Wunder zu Wunder, von Erfolg zu Erfolg schreitet und der schließlich mit fünfundsechzig Jahren sich ins Pensionsalter zurückzieht, nachdem er sich noch eine stattliche Villa in Netania (oder sonst wo am Mittelmeer) geleistet hat ... So stirbt er schließlich lebenssatt und zufrieden in den Armen einer Lieblingsjüngerin. Das war's dann auch. Ein Leben unter Millionen anderer Leben. Die übliche Illustriertenstory von gestern, von der Historie verdeckt und vergessen.

Es war anders, ganz anders. Der »Rückblick« der Jünger am Auferstehungstag, der alles bisher Geschehene vor Gott und der Geschichte rechtfertigte: »Ja, es musste alles so sein, und nun wissen wir: es war gut so.« Dieser Rückblick vollzieht sich immer noch, nach fast zweitausend Jahren, und er wird sogar »gefeiert«. Im Fest des heiligen Pascha, im Mittelpunkt des Kirchenjahres. Und dies auch mehr noch als in schlichtem Gedenken. Es ist auch Einübung in jenen Rückblick, der uns einmal in der Ewigkeit geschenkt werden soll. Rückblick. Eine Denkbewegung, die uns ein Leben lang begleitet. Je älter wir werden, desto häufiger und intensiver besuchen uns die Gedanken an Vergangenes. Filmartig ziehen bisweilen bei sterbenden Menschen die Bilder von lange schon Erlebtem vorüber. Soll sich dann alles – das einst mit Freuden Begrüßte und das Erlittene – als nun völlig wertloser Teil der Schöpfung im Nichts verflüchtigen? Nein, sagt der gläubige Mensch. So wie ich Gott kenne und oftmals ganz leise verspürt habe, kann das nicht sein. Im Gegenteil: Ich und der Schatz meines Lebens gehen nun ein in die Ewigkeit Gottes. Und mein immer vom Vergessen bedrohtes Zurückblicken wird in ungeahnter, göttlicher Leuchtkraft vor mir stehen. Als ein ewig gewordener Lob- und Dankgesang, dessen Grundmelodie wir jetzt schon ab und zu vernehmen durften. Wie es auch kam – es war alles, wirklich alles gut so.

Zum Nachdenken

■   Habe ich in meinem Leben schon einmal erfahren, dass sich ein vermeintliches Unglück als Segen entpuppt hat?

■   Wenn ich auf mein Leben zurückblicke, Bilanz ziehe, erscheint mir das Erlittene nur als sinn- und wertlos?

■   Kann ich mein Leben im Bewusstsein akzeptieren, dass es in die Ewigkeit Gottes eingehen wird und damit letzten Endes gut war, gut ist?

Christoph Gerhard

Wann folge ich Jesus nach?
Vierter Ostersonntag

Ich bin der gute Hirt. Der gute Hirt gibt sein Leben hin für die Schafe. Der bezahlte Knecht aber, der nicht Hirt ist und dem die Schafe nicht gehören, lässt die Schafe im Stich und flieht, wenn er den Wolf kommen sieht; und der Wolf reißt sie und jagt sie auseinander. Er flieht, weil er nur ein bezahlter Knecht ist und ihm an den Schafen nichts liegt. Ich bin der gute Hirt; ich kenne die Meinen, und die Meinen kennen mich, wie mich der Vater kennt und ich den Vater kenne; und ich gebe mein Leben hin für die Schafe. Ich habe noch andere Schafe, die nicht aus diesem Stall sind; auch sie muss ich führen, und sie werden auf meine Stimme hören; dann wird es nur eine Herde geben und einen Hirten. Deshalb liebt mich der Vater, weil ich mein Leben hingebe, um es wieder zu nehmen. Niemand entreißt es mir, sondern ich gebe es aus freiem Willen hin. Ich habe Macht, es hinzugeben, und ich habe Macht, es wieder zu nehmen. Diesen Auftrag habe ich von meinem Vater empfangen.

Joh 10,11–18

In den letzten Sonntagen haben wir Auferstehungsgeschichten aus den Evangelien gehört. Heute fängt so etwas wie ein neues Kapitel an: Wir schauen zurück von der Auferstehung her in das Leben Jesu; wir erinnern uns, wer er war, was er tat und welche Bedeutung er für uns jetzt hat.

Das heutige Evangelium spricht vom guten Hirten und von seinen Schafen. Es geht um eine Selbstoffenbarung Jesu, wer er ist. Wir können das an verschiedenen Signalen erkennen. Zum einen wird sehr wenig von den Schafen gesagt, außer von der direkten Beziehung zu Jesus, als den guten Hirten selbst. Jesus kennt sie und auch sie kennen ihn.

Das zweite ist die Aussage Jesu selbst: »Ich bin der gute Hirte.« Ich-bin-Worte haben im Johannesevangelium immer eine besondere Bedeutung. Zum einen klingt da der Gottesname Jahwe an: Ich bin, der ich bin – oder anders übersetzt: Ich bin, der sein lässt, der ins Dasein ruft. Für den gläubigen Juden schwingt in den Ich-bin-Worten Jesu auch immer diese göttliche Bedeutung mit. Wenn Jesus das Ich-bin gebraucht, so schwingt immer seine besondere Beziehung zu Gott, seinem Vater, mit. Er ist der göttliche Retter, Offenbarer und Heilsbringer.

Aber die Ich-bin-Worte werden auch besonders gefüllt von Johannes. Jesus sagt bei ihm siebenmal »ego eimi« – »ich bin«:

Ich bin das wahre Brot vom Himmel;
das Licht der Welt, das die Welt erleuchtet;
die Tür, durch die man ins Leben eingeht;
der gute Hirt, der für seine Schafe sorgt;
die Auferstehung und das Leben;
der wahre Weinstock;
und der Weg, die Wahrheit und das Leben.

Durch die Ich-bin-Worte wird also Jesus immer mehr und besser charakterisiert, wer er war und wer er sein könnte – auch für mich heute, nach zweitausend Jahren.

Ein Drittes kommt hinzu: Der gute Hirte gibt sein Leben hin für die Schafe. Der bezahlte Knecht aber flieht, wenn es brenzlig wird, da es ihm nur ums Geld geht und nicht um die Schafe. Genau dieses hat sich erfüllt im Geschehen von Karfreitag: Jesus gab sein Leben hin für die, die ihm anvertraut sind, und das sind alle Menschen. Aber es bleibt nicht bei einem ohnmächtigen Karfreitag: Jesus ist derjenige, der sein Leben gibt, weil er auch die Macht hat, das Leben wieder zu nehmen. Diese Macht kommt von der innigen Verbindung, die er mit seinem Vater hat, und auch aus dem Auftrag, den er von ihm empfangen hat. Jesus ist derjenige, der gekommen ist, allen Menschen das Leben zu schenken, und zwar in seiner ganzen Fülle.

An diesem Punkt berührt das heutige Evangelium uns selbst in zweifacher Hinsicht: Ich kann mich fragen, wie mein Verhältnis zu diesem »guten Hirten« ist, wie ich Jesus schon als den guten Hirten Gottes erfahren oder eben noch nicht erfahren habe. Was auf den ersten Blick hin als eine einfache Frage erscheint, trifft uns im Kern unserer Existenz: Letztlich heißt es: Wer ist Gott für mich? Wie habe ich ihn erfahren? Wie erfahre ich ihn in meinem Alltag? Kenne ich Jesus so, wie der gute Hirte seine Schafe kennt? Ist mein Umgang mit ihm so vertraut, wie ich es vom Bild des Evangeliums her erwarte? Auf diese Fragen gibt es keine fertigen Antworten.

Nicht immer können unsere Entscheidungen bis ins Letzte richtig sein. Nicht immer werden wir Jesus zum vollen Leben gefolgt sein. Das gehört einfach zum menschlichen Leben dazu. Allerdings bleibt die Frage an uns, wie wir uns entscheiden: Wählen wir das Leben und gehen durch die vielleicht enge Tür oder lassen wir uns von jedem Rattenfänger in die Irre führen?

Gebe Gott, dass wir immer wieder seine Stimme vernehmen und ihm folgen können, weil er uns sein Leben in Fülle schenken will.

- Wer ist Gott für mich? Wie habe ich ihn erfahren? Wie erfahre ich ihn in meinem Alltag?
- Wie vertraut ist mein Umgang mit Jesus?
- Wann folge ich Jesus und wann lasse ich mich in meinem Leben von »Rattenfängern« in die Irre führen?

Dominikus Trautner

Wenn der Glaube Früchte trägt
Fünfter Ostersonntag

Ich bin der wahre Weinstock, und mein Vater ist der Winzer. Jede Rebe an mir, die keine Frucht bringt, schneidet er ab, und jede Rebe, die Frucht bringt, reinigt er, damit sie mehr Frucht bringt. Ihr seid schon rein durch das Wort, das ich zu euch gesagt habe. Bleibt in mir, dann bleibe ich in euch. Wie die Rebe aus sich keine Frucht bringen kann, sondern nur, wenn sie am Weinstock bleibt, so könnt auch ihr keine Frucht bringen, wenn ihr nicht in mir bleibt. Ich bin der Weinstock, ihr seid die Reben. Wer in mir bleibt und in wem ich bleibe, der bringt reiche Frucht; denn getrennt von mir könnt ihr nichts vollbringen. Wer nicht in mir bleibt, wird wie die Rebe weggeworfen, und er verdorrt. Man sammelt die Reben, wirft sie ins Feuer, und sie verbrennen. Wenn ihr in mir bleibt und wenn meine Worte in euch bleiben, dann bittet um alles, was ihr wollt: Ihr werdet es erhalten.

Joh 15,1–8

Im heutigen Evangelium, das aus den Abschiedsreden Jesu genommen ist, hören wir wieder eines der berühmten Ich-bin-Worte Jesu. Wir kennen schon viele dieser Worte: »Ich bin das Brot; ich bin die Tür; ich bin das Licht, ich bin die Quelle, aus der das Wasser sprudelt; ich bin der Weg, die Wahrheit und das Leben.«

105

Heute sagt er von sich:»Ich bin der Weinstock, ihr seid die Reben, wer in mir bleibt und in wem ich bleibe, der bringt reiche Frucht.« Es ist ein Bild, das uns hier im Fränkischen Weinland nur allzu vertraut ist. Und es ist ein Bild, das so ausdrucksstark wie wohl kein anderes die innere Einheit, die innere Verbindung und Beziehung zwischen Gott und Mensch veranschaulicht.

Jesus verabschiedet sich von seinen Jüngern mit diesem Bildwort, um sie nochmals eindringlichst zu mahnen, in ihm zu bleiben.

Wenn wir einen lieben Menschen verabschieden müssen, bitten wir sehnlichst,»bleibe doch noch ein wenig bei mir«, oder wir bitten,»bewahre mich in Deinen Gedanken und in Deinem Herzen, bleiben wir doch miteinander von Herzen verbunden«. Neunmal kommt das Wort»bleiben« im heutigen Evangelienabschnitt vor. Das Wort»bleiben« drückt Ruhe und Festigkeit aus.

Die Jünger bitten Jesus auf dem Weg nach Emmaus:»Bleib bei uns, denn es will Abend werden.« Das Bleiben eines lieben Menschen bedeutet Schutz und Geborgenheit, ja sogar existenzielle Sicherheit. Wir kennen das Wort»bleiben« aber auch unter dem Aspekt des Ausharrens: Das Bleiben und Ausharren auf meinem existenziellen Lebensweg, den ich gewählt habe, im Kloster, im Beruf, in der Partnerschaft, in der Ehe, an dem Ort, wo ich lebe.

Wir wissen, wie mühsam und schwer manchmal dieses Ausharren sein kann, und wir kennen die Versuchung, wegzulaufen, den Problemen auszuweichen, statt sie zu lösen. Das fängt manchmal schon bei den alltäglichen Aufgaben an, die wir erfüllen müssen. Wer bei seiner Arbeit keine Ausdauer zeigt, braucht sich nicht zu wundern, wenn er nichts zustande bringt. Ein Sportler, der nicht trainiert, verliert seine Kraft und Kondition. Und ein Musiker, der sein Instrument nicht mehr übt, verliert seine Technik. Ähnlich ergeht es uns auch in unserem religiösen Leben. Auch das Beten und die Meditation wollen nach Möglichkeit täglich geübt werden – und das ein Leben lang. Wer darin nachlässt, braucht sich nicht zu wundern, wenn seine innere Beziehung zu Gott immer mehr erkaltet. Es ergeht ihm wie der Rebe, die sich vom Weinstock trennt, sie verdorrt und wird schließlich weggeworfen und verbrannt.

Wer aber wie die Rebe am Weinstock bleibt, wird reiche Frucht bringen. Die Trauben wachsen, aber sie müssen auch gelesen und in der Kelter gepresst und zermahlen werden. Ohne den schmerzlichen Prozess der Verwandlung gibt es keinen Wein. Diese schmerzlichen Prozesse der Reinigung, der Erprobung und Läuterung müssen auch wir in unserem Leben durchstehen und aushalten. Dabei sind wir auch auf andere Menschen angewiesen, die uns Kraft und Halt geben und uns ermutigen.

Wachstum geschieht langsam und in der Gemeinschaft. Am selben Weinstock sind viele Reben. In der Gemeinschaft und in der freundschaftlichen Beziehung zu Menschen erfahren wir Liebe, Zuneigung und Fürsorge. Jesus bietet uns seine Freundschaft an, wenn wir uns auf ihn einlassen, bei ihm und in ihm bleiben, dann wird unser Leben Frucht bringen. Es findet einen Sinn und ein Ziel. Es geht um bedingungsloses Angenommensein, um eine sehr tiefe persönliche Beziehung, die mich spüren lässt, dass ich liebenswert und wertvoll bin, dass ich Würde habe, unabhängig von jeder Leistung, von Ansehen und Erfolg. Dann dürfen Menschen erfahren, dass Leben gelingen, erfüllt sein kann, selbst noch im scheinbaren Scheitern, im sozialen Abseits, in Krankheit, Einsamkeit und Alter.

Menschen, die in Christus bleiben, sich in ihm verwurzeln und verankern, sind auch weniger den Suchtgefahren ausgesetzt. Eine psychologische Langzeitstudie in Amerika hat ergeben, dass die religiös orientierten jungen Amerikaner weniger suchtgefährdet sind als ihre nicht gläubigen Altersgenossen. Bei persönlichen Problemen greifen sie seltener zu Drogen, Alkohol und Nikotin. So zu lesen in einer Ausgabe von »Christ in der Gegenwart«.

Haben wir nicht alle den innersten Wunsch, dass unser Leben in irgendeiner Weise Frucht bringt, dass unser Leben nicht umsonst war, dass unser Leben einen Sinn findet, vielleicht auch nur in der Erfüllung einer kleinen und unscheinbaren Aufgabe oder im einfachen Dasein für einen Menschen, der mich braucht? Die Früchte wachsen nicht aus uns selbst, sondern nur aus dem Lebensstrom, mit dem wir verbunden sind. Wenn wir diesen Strom unterbrechen, wird alles dürr und leblos. Trinken wir aber aus diesem Strom und aus dieser Quelle, dann werden an uns die Trauben saftig, prall und voll wachsen. Es sind die Trauben der Liebe und Güte, des Friedens und der Gerechtigkeit.

Von dem russischen Dichter Leo Tolstoi stammen folgende abschließende Worte: »An einem Vorfrühlingstag war ich allein im Wald und lauschte seinem Rauschen. Ich dachte an meine Unruhe während der letzten drei Jahre, an mein Suchen nach Gott, an mein dauerndes Schwanken zwischen Freude und Verzweiflung. Und plötzlich sah ich, dass ich nur lebte, wenn ich an Gott glaubte. Wenn ich nur an ihn dachte, erhoben sich in mir die frohen Wogen des Lebens. Alles ringsum belebte sich, alles bekam einen Sinn. Aber sobald ich nicht mehr an ihn glaubte, stockte plötzlich mein Leben. – Was suche ich also noch?, rief eine Stimme in mir. Er ist es doch, ohne den man nicht leben kann! Gott kennen und leben ist eins. Gott ist das Leben.«

Zum Nachdenken

- Verspüre auch ich den Wunsch, dass mein Leben in irgendeiner Art und Weise Frucht bringt, dass es nicht umsonst ist und einen Sinn findet – und sei es in einer kleinen, unscheinbaren Aufgabe? Wie sieht oder sähe eine solche Aufgabe konkret aus?

- Wie tief bin ich selbst in Jesus verwurzelt? Gibt er mir Halt und Festigkeit in meinem Leben?

- Wie oft übe ich mich in meiner religiösen Praxis: im Beten und in der Meditation, um meine Beziehung zu Gott lebendig zu halten?

Dominikus Trautner

Das Fremde lieben
Sechster Ostersonntag

Wie mich der Vater geliebt hat, so habe auch ich euch geliebt. Bleibt in meiner Liebe! Wenn ihr meine Gebote haltet, werdet ihr in meiner Liebe bleiben, so wie ich die Gebote meines Vaters gehalten habe und in seiner Liebe bleibe. Dies habe ich euch gesagt, damit meine Freude in euch ist und damit eure Freude vollkommen wird. Das ist mein Gebot: Liebt einander, so wie ich euch geliebt habe. Es gibt keine größere Liebe, als wenn einer sein Leben für seine Freunde hingibt. Ihr seid meine Freunde, wenn ihr tut, was ich euch auftrage. Ich nenne euch nicht mehr Knechte; denn der Knecht weiß nicht, was sein Herr tut. Vielmehr habe ich euch Freunde genannt; denn ich habe euch alles mitgeteilt, was ich von meinem Vater gehört habe. Nicht ihr habt mich erwählt, sondern ich habe euch erwählt und dazu bestimmt, dass ihr euch aufmacht und Frucht bringt und dass eure Frucht bleibt. Dann wird euch der Vater alles geben, um was ihr ihn in meinem Namen bittet. Dies trage ich euch auf: Liebt einander!

Joh 15,9–17

Der heutige Text versteht sich als unmittelbare Fortsetzung des Gleichnisses vom Weinstock und der Rebe und interpretiert und konkretisiert es zugleich in Bezug auf unser Leben. Nur wenn die Rebe am Weinstock bleibt, kann sie Frucht bringen, und so ist es mit uns Menschen! Nur wenn wir in

Christus bleiben, können wir Frucht bringen und diese Frucht heißt Liebe.

Die Hauptgedanken des heutigen Evangeliums werden wie die Themen eines Sonatensatzes in der so genannten Durchführung verarbeitet, sie verdichten sich, verzahnen sich, sie bedingen sich gegenseitig. An einer anderen Stelle schreibt Johannes:»Wenn jemand sagt: Ich liebe Gott! – aber seinen Bruder hasst, ist er ein Lügner. Denn wer seinen Bruder nicht liebt, den er sieht, kann Gott nicht lieben, den er nicht sieht. Und dieses Gebot haben wir von ihm: Wer Gott liebt, soll auch seinen Bruder lieben.« (1 Joh 4,19)

Die Hauptgedanken durchdringen sich und schließlich münden alle Themen in den grandiosen Schlussakkord: Dies trage ich euch auf: Liebt einander!

Das Gebot der Liebe ist das Herzstück der Heiligen Schrift. Ein Leben in der Liebe kann uns erfüllen und beglücken und ein Leben außerhalb der Liebe kann uns verletzen und sogar zerstören. Aber Liebe und Liebe sind zweierlei:

Es gibt die natürliche Liebe, die durch Sympathie, Begeisterung, Faszination und Eros herausgerufen wird. Und es gibt die Liebe, die uns als Auftrag, als Gebot auferlegt ist.

Auftrag und Gebot, das klingt nach Mühe und Arbeit, nach Gelingen und Versagen. So sieht es auch der Dichter Rainer Maria Rilke, wenn er das Liebhaben von Mensch und Mensch als das Schwerste bezeichnet, das uns aufgegeben ist.

Von unserer Arbeit wissen wir, dass sie nur gelingen kann, wenn wir uns immer wieder gewissen Gesetzmäßigkeiten, Richtlinien und Ordnungen unterwerfen. Durch die Mühsal der Kleinarbeit gelangen wir zu einem wunderbaren Ganzen.

Ähnlich verhält es sich auch in unserem täglichen Miteinander. Unsere Beziehungen zu Mitmenschen können nur gelingen, wenn wir bereit sind, uns an bestimmte Umgangsformen und an gemeinsame Vereinbarungen zu halten. Leere Versprechungen, Unverbindlichkeit, Unzuverlässigkeit, Untreue und Egoismus belasten jede Art von Beziehung. Viele Menschen leiden unter Beziehungsproblemen.

Kürzlich erzählte mir jemand, dass er oft schlaflose Nächte habe, weil er mit seinen Kollegen am Arbeitsplatz nicht zurechtkommt. Keiner will sich vom anderen etwas sagen lassen, keiner vom anderen beherrscht oder ausgenutzt werden. Einer beneidet den anderen, weil er eine bessere Leistung bringt oder mehr Erfolg hat. Und zweifellos sind manchmal jene im Vorteil, die die stärkeren Ellenbogen haben, die sich auch auf Kosten der Schwächeren durchsetzen können. Wir alle brauchen die Liebe wie die Luft zum Atmen. Ohne Liebe ist unser Leben tot. Wir brauchen die Bestätigung, die Anerkennung von anderen, das Gefühl, so angenommen zu sein, wie wir sind. Deshalb leiden wir unter den Grenzen der Liebe, unter dem Versagen des anderen, wie auch unter der eigenen Unzulänglichkeit. Konrad Adenauer sagte einmal: »Nehmen Sie die Menschen, wie sie sind; andere gibt es nicht.«

Es gibt Situationen im Leben, in denen man auf und davon möchte. Aber dabei besteht die Gefahr, dass man vor den eigenen Problemen davonläuft. Ganz gleich, wohin man gehen und neu anfangen möchte, erstens nimmt man sich selbst immer mit und zweitens trifft man auch dort auf Menschen, die unvollkommen sind.

Situationen und Bedingungen können uns dazu zwingen, dort anzuhalten und uns durchzukämpfen, wo wir augenblicklich stehen. Freilich kann jemand sagen: Ich halte es unter diesen Umständen nicht mehr aus, ich kann mit diesem Menschen nicht mehr zusammenleben, ich kann nicht mehr mit ihm zusammenarbeiten, dieser Mensch ruiniert mein Leben.

Manche Menschen, die auf ihre Vergangenheit zurückblicken, sehen nur einen einzigen Scherbenhaufen. Wie sinnlos und arm ist ein solches Leben, das sich nur in Feindseligkeiten und Gehässigkeiten erschöpfte. Boshaftigkeit und Hass können so weit führen, dass man dem anderen den Tod wünscht, wie es in einem Psalmvers heißt:»Wann stirbt er endlich und vergeht sein Name?« Wenn wir unter den Aggressionen anderer zu leiden haben, wenn wir spüren, dass sie uns ungerecht behandeln, dass sie uns hinterhältig reinlegen wollen, dass sie uns anfeinden und verleumden, dann kommen auch in uns aggressive Gefühle und Stimmen hoch, die uns sagen:»Das kannst du dir nicht gefallen lassen, das musst du ihm heimzahlen.« Aber Gleiches mit Gleichem zu vergelten macht nur böses Blut, erzeugt nur neue Wunden und Schmerzen.

Ich glaube, dass jeder Mensch, der einem anderen etwas Böses will, sich selbst bestraft. Sein Herz verfinstert sich und findet keinen Frieden. Diese Erfahrung machte schon der Psalmenbeter vor dreitausend Jahren, wie es im siebten Psalm zum Ausdruck kommt:»Er gräbt ein Loch, er schaufelt es aus, doch er stürzt in die Grube, die er selbst gemacht hat. Seine Untat kommt auf sein eigenes Haupt, seine Gewalttat fällt auf seinen Scheitel zurück.«

Wir selbst neigen manchmal dazu, uns an zerrütteten Beziehungen festzuklammern, wir können nicht loslassen, leiden an den zugefügten Verwundungen, an den Benachteiligungen, leiden an unserer eigenen Unfähigkeit, verzeihen und vergessen zu können.

Und wie unwichtig wird plötzlich all das, wenn ein schwerer Schicksalsschlag über unser Leben hereinbricht, wenn wir plötzlich krank werden, wenn wir zwischen Tod und Leben schweben, unser Leben an dem sprichwörtlichen seidenen Faden hängt! Wie werden wir plötzlich dankbar für alles, ja sogar für den schwierigen Mitmenschen, und bereit für jedes Opfer, um nur am Leben zu bleiben. Alles wird leicht und erträglich angesichts dessen, was an Schlimmerem hätte über uns hereinbrechen können.

Wenn Jesus uns auffordert: »Liebt einander«, dann ist das eine Aufgabe, die mühsam und beschwerlich ist, ein lebenslanger Prozess, in dem es Fort- und Rückschritte gibt.

Ich meine, es ist wichtig, dass zwei Menschen, die sich schwer miteinander tun, das Gespräch suchen, am besten mit einer objektiven, neutralen dritten Person, die einsichtig und klug das Gespräch leitet. Viele Missverständnisse und Vorurteile können dadurch geklärt und zugefügte Verletzungen aufgearbeitet werden. Echtes Verzeihen und ein neuer Anfang sind erst dann möglich, wenn die Konflikte aufgearbeitet und nicht verdrängt werden. Die Psychologie und Psychotherapie zeigen uns heute auch Wege, wie man Konflikte schonend und menschlich auf dauerhafte Art und Weise lösen kann.

Wenn Jesus uns zur Liebe auffordert, dann meint er: Geht wieder aufeinander zu, versöhnt euch, schenkt euch wieder neues Vertrauen, hört aufeinander, nehmt euch gegenseitig an, auch wenn es euch Mühe, Überwindung und Kraft kostet. Aber Jesus lässt uns mit diesen Problemen nicht allein. Er selbst hat es uns vorgelebt, er hat uns ein Beispiel gegeben, damit wir genauso handeln.

Im Gebet finden wir Kraft, im Gebet werden wir innerlich aufgebrochen und verwandelt. Durch das Gebet bleiben wir mit Christus verbunden und nur so kann er seine Liebe in uns hineinströmen lassen. Jesus geht sogar so weit, dass er uns auffordert, für unsere Feinde zu beten. Dagegen sträuben sich natürlich unsere menschlichen Gefühle, aber wer das schon einmal versucht hat, durfte spüren und erfahren, dass er dadurch innerlich freier wurde, dass er dadurch dem Feind wohlwollender und verständnisvoller begegnen konnte, ja dass er sogar auch in ihm und gerade in ihm das Antlitz Christi erkennen konnte. Echte christliche Liebe bewährt sich in der Feindesliebe.

Bemerkenswert ist, was Dietrich Bonhoeffer kurz vor seiner Hinrichtung niedergeschrieben hat: »Die Menschen, die Euch begegnen, nehmt, wie sie sind. Stoßt Euch nicht gleich an dem, was fremd ist oder Euch missfällt, und schaut auf die guten Seiten. Dann seid ihr nicht nur gerechter, sondern bewahrt Euch selbst vor Engherzigkeit.« In dem einen Satz: »Das ist mein Gebot: liebt einander, so wie ich euch geliebt habe« zeigt uns Jesus das Geheimnis und den Weg christlichen Lebens.

Zum Nachdenken

- Wie gehe ich mit Konflikten in Partnerschaft und Beruf um? Kann ich den ersten Schritt tun und auf den anderen zugehen?

- Kann ich mit Jesu Aufforderung, selbst meine Feinde zu lieben, etwas anfangen? Habe ich es schon einmal in meinem Leben ausprobiert?

- Wenn ich fremden Menschen begegne, stoße ich mich dann eher an dem, was mir sogleich missfällt, oder versuche ich auch, die guten Seiten zu sehen und zu würdigen?

Rhabanus Erbacher

Hineingerettet in die Herrlichkeit und Liebe Gottes
Christi Himmelfahrt

Im ersten Buch, lieber Theophilus, habe ich über alles berichtet, was Jesus getan und gelehrt hat, bis zu dem Tag, an dem er (in den Himmel) aufgenommen wurde. Vorher hat er durch den Heiligen Geist den Aposteln, die er sich erwählt hatte, Anweisungen gegeben. Ihnen hat er nach seinem Leiden durch viele Beweise gezeigt, dass er lebt; vierzig Tage hindurch ist er ihnen erschienen und hat vom Reich Gottes gesprochen. Beim gemeinsamen Mahl gebot er ihnen: Geht nicht weg von Jerusalem, sondern wartet auf die Verheißung des Vaters, die ihr von mir vernommen habt. Johannes hat mit Wasser getauft, ihr aber werdet schon in wenigen Tagen mit dem Heiligen Geist getauft. Als sie nun beisammen waren, fragten sie ihn: Herr, stellst du in dieser Zeit das Reich für Israel wieder her? Er sagte zu ihnen: Euch steht es nicht zu, Zeichen und Fristen zu erfahren, die der Vater in seiner Macht festgesetzt hat. Aber ihr werdet die Kraft des Heiligen Geistes empfangen, der auf euch herabkommen wird; und ihr werdet meine Zeugen sein in Jerusalem und in ganz Judäa und Samarien und bis an die Grenzen der Erde. Als er das gesagt hatte, wurde er vor ihren Augen emporgehoben, und eine Wolke nahm ihn auf und entzog ihn ihren Blicken. Während sie unverwandt ihm nach zum Himmel emporschauten, standen plötzlich zwei Männer in weißen Gewändern bei ihnen und sagten: Ihr Männer von Galiläa, was steht ihr da und schaut zum Himmel empor? Dieser Jesus, der von euch ging und in

den Himmel aufgenommen wurde, wird ebenso wiederkommen, wie
ihr ihn habt zum Himmel hingehen sehen.

Apg 1,1–11

Der evangelische Theologe Helmut Thielicke hat aus seinem Familienkreis einmal die folgende Begebenheit erzählt: Man saß am Himmelfahrtstag miteinander am Frühstückstisch, und der Vater bat den Jüngsten in der Runde, doch einmal zu erzählen, was eigentlich an diesem Tag gefeiert werde. Der sechsjährige Sohn tut das voller Eifer. Seinen Bericht beschließt er so: »Und wie der Herr Jesus dann endlich wieder im Himmel angekommen ist, da hat der Gott-Vater zu ihm gesagt: Jetzt bleib aber lieber mal hier oben bei mir – sonst passiert dir wieder was!«

Wir lächeln über die unbefangene Ausdrucksweise des Kindes. Aber ist die Art, wie dieser Kleine das Geschehen versteht, eigentlich so ganz verschieden von der Art, wie wir den biblischen Bericht von der Himmelfahrt Jesu verstehen – oder auch missverstehen? Sehen wir es nicht auch ähnlich? Nach den dreiunddreißig Jahren seines irdischen Lebens nimmt Jesus Abschied und zieht sich zurück ins Unsichtbare. Dieses Zwischenspiel ist für ihn zu Ende, diese seine Menschenzeit, in der ihm so Schlimmes und so Schmähliches »passiert« ist. Das liegt jetzt endlich hinter ihm, das ist jetzt vorbei und überstanden. Jetzt ist alles wieder gut, jetzt ist er – was immer das heißen mag – »im Himmel«, also auf jeden Fall dort, wo ihm »nichts mehr passieren« kann ... Und die Jünger, die Menschen, oder sagen wir doch gleich: wir, sind diejenigen, von denen er weggeht, die er zurücklässt, die er verlässt.

Eigenartig ist nur, dass – zumindest im Himmelfahrtsbericht des Lukas – die Jünger gar nicht wie Verlassene wirken, wie Leute, die ein schmerzlicher Abschied und eine unvermeidliche Trennung traurig und ratlos macht. Lukas schreibt (und das sind die letzten Sätze seines Evangeliums): »Er verließ sie und wurde zum Himmel emporgehoben. Sie aber fielen vor ihm nieder. Dann kehrten sie in großer Freude nach Jerusalem zurück und priesen Gott.«

Die Jünger scheinen wahrhaftig zu wissen, zu spüren, zu glauben, dass dieser Abschied nicht nur Abschied, sondern auch neuer Anfang ist, dass diese Trennung der Beginn einer neuen, anderen und größeren Nähe ist, und dass sie sich allen Ernstes freuen dürfen und freuen müssen, wenn und weil Jesus zum Vater geht.

Jesus geht zum Vater! Er verschwindet nicht einfach in ein fernes und fremdes Jenseits, er schüttelt nicht den Staub der Erde von seinen Füßen, um sich dorthin zurückzuziehen, wo ihn kein Hass und kein Undank, kein Elend und keine Sünde mehr erreichen können. Jesus bringt sich nicht in Sicherheit – Jesus geht zum Vater.

Hören wir genau hin! *Jesus* geht zum Vater. Das heißt doch: Jetzt kehrt nicht nur der ewige Sohn heim in die Ewigkeit des Vaters, sondern der Mensch Jesus, der Sohn der Maria, der Mann aus Nazaret, tritt ein in den vollen Glanz, in die volle Herrlichkeit und Herrschaft Gottes. Der Menschensohn, wie er sich selbst nennt, setzt sich auf den Thron Gottes!

Was der Gottessohn annahm, als er Mensch wurde, unser Fleisch und unser Leben, das legt er bei seiner Heimkehr nicht wieder ab, das lässt er nicht zurück. Er nimmt dieses Fleisch und dieses Leben mit zum Vater. Er nimmt sein Menschsein mit. Er nimmt seinen geschlagenen und gefolterten Leib, er nimmt die Wunden seiner Hände und Füße mit – hinein in das innerste Geheimnis Gottes. In alle Ewigkeit gehört zu Gott selbst jetzt dieser Mensch Jesus. Und was ihm passiert ist (um es noch einmal so kindlich und einfältig zu sagen), das ist nicht einfach aus und vorbei, es ist für alle Ewigkeit aufgehoben und gegenwärtig im Innersten Gottes. Die Wunden am Leibe Jesu sind jetzt verklärte Wunden an einem verklärten Leib; aber sie bleiben doch Wunden – Wunden, die jetzt auf ewig zu Gott selbst gehören als ewige Male seiner ewigen Liebe. Das durchstoßene und zerrissene Menschenherz Jesu wird sich nie mehr schließen; der Vater heilt es nicht, sondern zieht es an sich und in sich, damit in alle Ewigkeit sichtbar bleibe, was Liebe und Hingabe und göttliches Sich-Verschenken heißt. Die äußerste Tat dieser Liebe auf Golgotha ist nicht Vergangenheit, sondern bleibende Gegenwart, weil in alle Ewigkeit mitten im Glanz des Himmels das Lamm steht, das geschlachtet ist …

Auch wir können dieses Unausdenkbare eigentlich nicht anders als in kindlichen und einfältigen Worten aussagen. Im Bewusstsein, wie unzureichend unsere Worte sind, können und dürfen wir sagen: Jetzt ist in Gott selbst, in dem es doch, wie wir gelernt haben, »keinen Wandel und keinen Schatten von Veränderung« gibt, etwas anders geworden. Jetzt ist Gott nicht mehr Gott ohne diesen Menschen Jesus. Was er war und was wir sind, das hat Jesus dorthin mitgenommen, wo doch, wie wir gemeint haben, alles Menschliche sich in Nichts auflösen und verzehrt werden müsse, wenn es den Schritt hinüber wagte. Von jetzt an wird uns Gott selbst in alle Ewigkeit mit einem Menschenantlitz, mit dem Antlitz Jesu Christi, anschauen.

Ja, er wird uns anschauen – und wir werden ihn anschauen. Denn Jesus ist nicht allein zum Vater gegangen; er hat nicht nur seine Menschheit, er hat *die* Menschheit mitgenommen. Er hat uns nicht den Rücken gekehrt, als er ging – er ging als »der Erste und der Anführer von vielen«. »Ich gehe hin, euch eine Wohnung zu bereiten; ich werde wiederkommen und euch zu mir holen, damit auch ihr dort seid, wo ich bin.« Auch unser Menschenleben mit all seiner Vergeblichkeit, mit all seiner Schuld, mit all seiner Hinfälligkeit soll durch ihn hineingerettet und hineingeborgen werden ins innerste Geheimnis der Herrlichkeit und Liebe Gottes. Er, der Erhöhte, er, der jetzt die Herrschaft Gottes teilt, wird vollbringen und vollenden, was er uns in der Hingabe seines Lebens erwirkt hat.

So dürfen wir heute nicht nur seine Heimkehr, seine Erhöhung, seine Verherrlichung feiern, sondern auch unsere Berufung und Erwählung, unsere eigene Zukunft. Wir dürfen heute auch uns selbst gratulieren! Sagen wir doch heute zueinander, was Paulus der Gemeinde in Ephesus geschrieben hat: »Der Gott Jesu Christi, unseres Herrn, der Vater der Herrlichkeit, gebe uns den Geist, damit wir ihn erkennen. Er erleuchte die Augen unseres Herzens, damit wir verstehen, zu welcher Hoffnung wir durch ihn berufen sind.« Oder sage es doch wenigstens jeder und jede zu sich selbst: Der Gott Jesu Christi erleuchte die Augen meines Herzens, damit ich erkenne, zu welcher Hoffnung ich berufen bin!

Zum Nachdenken

■   Bin ich mir dessen bewusst, dass auch mein Menschenleben mit seiner Vergeblichkeit, Schuld und Hinfälligkeit durch Jesus Christus hineingerettet wird ins innerste Geheimnis der Herrlichkeit und Liebe Gottes?

■   Bin ich mir dessen bewusst, dass Gott selbst mich seit der Auferstehung seines Sohnes in alle Ewigkeit mit einem Menschenantlitz anschauen wird?

Christoph Gerhard

Die Leere als Ort der Begegnung mit Gott
Siebter Ostersonntag

Ich habe deinen Namen den Menschen offenbart, die du mir aus der Welt gegeben hast. (...) Heiliger Vater, bewahre sie in deinem Namen, den du mir gegeben hast, damit sie eins sind wie wir. Solange ich bei ihnen war, bewahrte ich sie in deinem Namen, den du mir gegeben hast. Und ich habe sie behütet, und keiner von ihnen ging verloren, außer dem Sohn des Verderbens, damit sich die Schrift erfüllt. Aber jetzt gehe ich zu dir. Doch dies rede ich noch in der Welt, damit sie meine Freude in Fülle in sich haben. Ich habe ihnen dein Wort gegeben, und die Welt hat sie gehasst, weil sie nicht von der Welt sind, wie auch ich nicht von der Welt bin. Ich bitte nicht, dass du sie aus der Welt nimmst, sondern dass du sie vor dem Bösen bewahrst. Sie sind nicht von der Welt, wie auch ich nicht von der Welt bin. Heilige sie in der Wahrheit; dein Wort ist Wahrheit. Wie du mich in die Welt gesandt hast, so habe auch ich sie in die Welt gesandt. Und ich heilige mich für sie, damit auch sie in der Wahrheit geheiligt sind.

Joh 17,6a.11b–19

Momentan befinden wir uns in einer ganz eigenen Zeit des Kirchenjahres: Jesus, dessen Geburt, Tod und Auferstehung wir feierten, ist in den Himmel aufgefahren und »thront zur Rechten des Vaters«, wie es die Liturgie sagt. Damit ist Jesus auf Erden nicht mehr sichtbar, und was an seine Stelle treten soll, der Heilige Geist, ist den Jüngern noch nicht klar.

Ich meine, so verschieden ist die Situation der Jünger und die unsrige heute gar nicht. Wir wissen zwar, wie die Geschichte weitergeht, und wir werden auch am nächsten Sonntag Pfingsten, die Geistsendung, feiern – doch Hand aufs Herz: Sind wir alle so geisterfüllte, begeisterte Christen in unserem Alltag? Für die meisten von uns – auch hier im Kloster – bleibt eine Leere, eine Abwesenheit von Gott, die sich nicht immer und gerade im Alltag erfüllt und die auch nicht leicht auszuhalten ist.

Für mich hätte es der heutige Sonntag verdient, ein eigener Feiertag zu werden, denn er spiegelt unsere Situation wider: Das Schon-erlöst-Sein durch Christus und das Alltagsleben mit all seinen Schwierigkeiten und Unsicherheiten auf Gott hin.

So widersprüchlich es nun auch klingen mag, ich bin mir sicher, dass wir diese Leere in unserem Leben auf Gott hin brauchen. Wie Jesus im Johannesevangelium sagte: Es ist gut für euch, dass ich von euch weggehe. Denn hätten wir Jesus oder den Heiligen Geist sicher in der Tasche, unser Glaube würde flach und kraftlos werden. Mehr noch, gerade dadurch würden wir unseren Glauben verlieren, weil sich Gott gerade in der Leere, in dem, wo nichts ist, offenbaren kann.

Ich möchte als Beispiel unsere Kirche in Münsterschwarzach nehmen: Sie ist ein Raum, der frei ist von alltäglichem Treiben (wenn ich jetzt einmal vom Sakristan und seiner Arbeit absehe). Sie wird absichtlich frei gehalten und steht die meiste Zeit des Tages leer – oder fast leer. Selbst als Klosterkirche sind am Tage ungefähr nur vier Stunden Gottesdienst zu verzeichnen. Ansonsten ist sie leerer, nutzloser Raum im Sinne der Ökonomie.

Diese Leere gehört zu ihrem Wesen. Wie auch zu unserer Versammlung zum Gottesdienst. Wenn auch über tausend Menschen versammelt sind (ihre Zahl ist unerheblich für einen Gottesdienst), so bleibt doch der wichtigste Akteur uns verborgen: Gott selbst. Er entzieht sich unseren Blicken. Und es geht auch gar nicht anders, sonst würden wir nur einen Götzen anbeten und nicht den lebendigen Gott. Unsere Liturgie, unser Gesang, unsere Gemeinschaft haben einen tiefen Sinn: einen Raum der Leere zu bereiten, damit Gott sich in diesem Raum uns offenbaren kann.

Hinter der realen Wirklichkeit, die sich in Leere, in einem freien Ort ausdrückt, ist Gott verborgen. Und nur wenn wir diese Leere aushalten, kann das Erhoffte unerwartet geschehen: dass sich der Vorhang teilt und Gott erfahrbar wird im Raum, der offen bleibt nur für IHN. Letzteres weist uns auch die Richtung, aus der wir einige Hinweise bekommen können, damit diese Leere, das Frei-Sein, nicht in die Sinn- und Gottlosigkeit stürzt.

Der Raum, in dem sich Gott offenbart, ist meist ein zweckfreier Raum. Nichts Alltägliches darf hier getan werden, damit der Alltag seine Nahrung finde. Es gibt kein Ziel, das wir vorgeben können, außer dem Da-Sein, wie Gott auch einfach da ist, wie sein Name besagt: »Ich bin der ›Ich-bin-da‹«. Wenn wir zusammenkommen zum Gottesdienst, so brauchen wir, trotz aller Themen, die wir vor Gott bringen möchten, auch einen Teil, der frei bleibt von irgendwelchen Zwecken und Anliegen. Ein Teil, der nichts erreichen will als die Gegenwart Gottes selbst.

Für mich als Mensch heißt dies auch, zu dem zu stehen, der oder die ich bin. Nicht mehr und nicht weniger aus mir zu machen, das tägliche Theater mit seinem Rollenspiel, den Wichtigtuereien und so weiter zu lassen. Einfach da zu sein, mit dem, was wir sind: geliebte Kinder des einen Gottes und als solche miteinander Schwestern und Brüder. Das ist nicht immer leicht auszuhalten, weil es so etwas wie einen leeren Raum ergibt: Nicht ich bestimme meinen Wert durch meine Fähigkeiten oder Unfähigkeiten, sondern Gott schenkt mir meinen Wert, wenn ich mich ihm überlasse. Freilich können wir uns dafür nur bereiten. Diesen Raum machen, im Sinne von herstellen und reproduzieren, können wir nicht. Simone Weil sagte: »Eine Leere, von der Gnade geschaffen, die Gnade zu empfangen.«

Ich wünsche uns, dass wir den leeren Raum für Gott immer wieder aushalten und bereiten können, auf dass ER bei uns eintreten kann und bei uns ist.

Zum Nachdenken

■ Wie gehe ich im Alltag mit dem auftauchenden Gefühl einer inneren Leere, einer Abwesenheit von Gott um?

■ Gelingt es mir, diese Leere auch in einem positiven Sinne als (zweck-)freien Ort der Begegnung mit Gott zu erfahren?

Anselm Grün

Die Wirkung des Geistes an sich selbst erfahren
Pfingstsonntag

In dieser Stunde rief Jesus, vom Heiligen Geist erfüllt, voll Freude aus:
Ich preise dich, Vater, Herr des Himmels und der Erde, weil du all das
den Weisen und Klugen verborgen, den Unmündigen aber offenbart
hast. Ja, Vater, so hat es dir gefallen. Mir ist von meinem Vater alles
übergeben worden; niemand weiß, wer der Sohn ist, nur der Vater,
und niemand weiß, wer der Vater ist, nur der Sohn und der, dem es
der Sohn offenbaren will. Jesus wandte sich an die Jünger und sagte
zu ihnen allen: Selig sind die, deren Augen sehen, was ihr seht. Ich
sage euch: Viele Propheten und Könige wollen sehen, was ihr seht,
und haben es nicht gesehen, und wollten hören, was ihr hört, und
haben es nicht gehört.

Lk 10,21–24

Über den Heiligen Geist kann man nur in Bildern sprechen. Das
können Dichter besser als Theologen. Der Evangelist Lukas ist
der erste Dichter, der das Geheimnis des Heiligen Geistes in Bildern beschreibt, die das Herz der Menschen berühren. Die Apostelgeschichte schildert das Pfingstereignis, indem es den Heiligen Geist im Sturm, im Feuer und als neue Sprache in die Menschen einbrechen lässt.

Der Dichter Lukas hat viele Nachfolger. Eine der schönsten
Dichtungen über den Heiligen Geist ist die Pfingstsequenz von

Stephan Langton, einem Engländer, Professor der Theologie in Paris und Erzbischof von Canterbury. Er hat die Pfingstsequenz um das Jahr 1200 gedichtet. Stephan Langton sieht den Heiligen Geist immer im Zusammenhang mit unserem menschlichen Dasein, mit unseren Nöten und Gefährdungen. Er ist überzeugt: Ich kann nicht vom Menschen sprechen, ohne den Blick auf den Heiligen Geist zu lenken. Und ich kann nicht über den Heiligen Geist reden, ohne auf den Menschen und seine Befindlichkeit zu schauen.

Stephan Langton nennt den Heiligen Geist: »consolator optime, dulcis hospes animae, dulce refrigerium« – »du bester Tröster, du süßer Gast der Seele, du angenehme Erfrischung«. Der Heilige Geist ist Tröster. Das lateinische Wort meint, dass der Heilige Geist in unsere Einsamkeit geht, um dort mit uns zu sein. Wenn einer dort ist, wo wir uns alleine fühlen, wo uns kein Mensch erreichen kann, spüren wir Trost. Wir sind nicht allein mit unserer Hoffnungslosigkeit.

Zweimal kommt in den nächsten Anrufungen das Wort dulcis vor. Das deutsche Wort »süß« ist uns eher suspekt. Doch in der geistlichen Tradition hat dieses Wort eine wichtige Bedeutung. Es beschreibt die innere Erfahrung Gottes in unserer Seele. Gott gräbt in unsere Seele die Spur eines süßen und lieblichen Geschmackes ein. Der Heilige Geist verwandelt die Bitterkeit unserer Seele in Süße. Er ist ein süßer Gast. Süß ist hier die Sprache der Liebe, die alles in unserem Leben versüßt.

Der Heilige Geist ist die Liebe, die unsere Seele mit einem guten Geschmack durchdringt. Er ist Gast unserer Seele. Er ist in uns selbst. Der Heilige Geist ist der nahe Gott, der Gott, der uns näher ist, als wir es uns selbst sind, wie es der Kirchenlehrer Augustinus sagt. Oder mit einem Wort von Martin Luther ausgedrückt: Gott ist uns näher als die Kleider, die wir am Leib tragen.

Wenn wir müde und erschöpft sind, dann dürfen wir den Heiligen Geist wie ein angenehmes Erfrischungsbad erfahren, nach dem wir uns wie neugeboren fühlen.

Stephan Langton beschreibt neun Grundnöte des Menschen, die der Heilige Geist verwandelt. Wir erkennen in den neun Bildern unseren inneren Zustand. Und wir bitten den Heiligen Geist, dass er unsere Not wendet, dass er die Gefährdungen unseres menschlichen Daseins aufhebt.

Zugleich beschreiben die neun Nöte aber auch den Ort, an dem wir den Heiligen Geist erfahren dürfen. Die ersten drei Grundnöte sind labor, aestus und fletus. Labor, das ist unsere Arbeit und Mühsal, die rastlose Hetze unseres Alltags. Wenn wir mitten in der Rastlosigkeit ruhig werden, mit uns in Berührung kommen, dann ist der Heilige Geist in uns am Werk. Aestus ist die Glut unserer Leidenschaften, unsere erhitzten Emotionen. Wenn wir uns da hineinsteigern, kommen wir nicht mehr los von ihnen. Da braucht es den Heiligen Geist, der sie abkühlt, sie lindert, damit wir unser Maß finden und selbst leben, anstatt uns von den hitzigen Debatten unserer Gedanken und Gefühle treiben zu lassen. Fletus, das ist das abgrundlose Weinen, die inneren und äußeren Tränen, die einfach nicht mehr aufhören. Wenn der Heilige Geist unsere abgrundtiefe Trauer tröstet, dann bekommen wir mitten in der Tränenflut wieder einen festen Stand.

Neben den drei Substantiven labor, aestus und fletus beschreibt Stephan Langton in sechs Adjektiven unseren Zustand: sordidum, aridum, saucium, rigidum, frigidum und devium – schmutzig, trocken, verwundet, verhärtet, kühl und verirrt.

Jeder von uns kennt wohl die Erfahrung von innerem Schmutz. Wir fühlen uns schmutzig, wenn wir schuldig geworden sind, wenn Menschen uns mit ihren negativen Emotionen überschüttet haben, wenn von innen her der Dreck unserer verdrängten Leidenschaften aufsteigt, wenn sich die ungelösten Konflikte des Alltags wie eine Staubschicht auf unsere Seele legen.

Aridum ist das Vertrocknete und Dürre. Ich kenne das Gefühl des Vertrocknetseins. Nichts fließt mehr. Ich bin abgeschnitten von den Gefühlen. Ideenlos lebe ich dahin. Die Quellen, aus denen ich geschöpft habe, sind versiegt. Wenn die Seele vertrocknet ist, prallen alle Worte der Bibel von ihr ab. Ich höre sie, aber sie berühren mein Herz nicht mehr. Die wohl größte Not, an der wir leiden, wird durch das Wort saucius ausgedrückt. Saucius meint unsere Verletzungen und Kränkungen, die Verwundungen unserer Seele, die innere Betrübnis, den Kummer, das Beleidigtsein. Saucius ist der wundgeschlagene Mensch, der wund ist an Leib und Seele. Er kann sich nicht wehren gegen die Nadelstiche von außen. Jede Berührung lässt die Wunden aufbrechen und schmerzen.

Es ist verständlich, dass einer sich durch Härte wappnet, um die Wunden nicht spüren zu müssen. Aber dann erstarrt er. Er geht mit sich und mit anderen grausam um. Er will der Wunde ausweichen und verletzt sich permanent selbst. Frigidum ist das Kalte, Kühle, Frostige, das, was ohne Feuer ist, ohne Liebe, was das Herz nicht mehr erreicht, das Gefühllose. In der Nähe mancher Menschen friert man. Da zieht sich alles in uns zusammen. Wir spüren: In diesem Menschen ist keine Liebe. Heute ist es modern, cool zu sein. Alles soll mich kaltlassen. Doch wenn die Kälte das Herz erfasst hat, ist der Mensch unfähig zur Liebe.

Die letzte Not ist im Wort devium ausgedrückt: vom Wege abführend, auf unrechtem Weg befindlich, unwegsam, töricht, unvernünftig. Wir haben den richtigen Weg verlassen. Wir haben uns verirrt. Wir tappen im Weglosen, in der Wüste. Wir sind orientierungslos, ohne einen Weg, der uns weiterführt.

In all diesen neun Grundnöten unseres Daseins beten wir zum Heiligen Geist, dass er sie wende, dass er den Schmutz von unserer Seele wasche, das Vertrocknete tränke, das Verwundete heile, das Verhärtete beuge, das Erkaltete wärme und das Abwegige lenke. In diesen Bitten drückt sich unsere Sehnsucht aus, dass wir nicht allein gelassen sind mit unseren Nöten, und die Sehnsucht, dass der Heilige Geist alles in uns zu verwandeln vermag, wenn wir es ihm nur hinhalten. Aber zugleich wird in diesem Lied die Erfahrung sichtbar, die Menschen mit dem Heiligen Geist gemacht haben.

Ich vertraue darauf, dass jeder von Ihnen schon einmal das Wirken des Heiligen Geistes an sich erfahren hat. Einer fühlt sich auf einmal eins mit sich. Er hört auf, sich zu verurteilen. Er fühlt sich trotz aller Schuld reingewaschen, lauter. Das ist die Erfahrung des Heiligen Geistes. Oder ich sage im Gespräch etwas, das dem anderen weiterhilft. Ich spüre, dass die Worte nicht aus mir kommen, dass sie nicht meiner Klugheit entspringen. Der Heilige Geist hat sie mir eingegeben. So konnten die geistgewirkten Worte ein Wunder beim anderen bewirken. Seine vertrocknete Seele konnte aufblühen, das kalte Herz wurde warm. Ein anderer kann sich mit seinen Wunden aussöhnen. Er spürt auf einmal, dass seine Wunden kostbar sind, weil sie ihn lebendig halten, offen für Gott und für die Menschen. Dann hat der Heilige Geist seine Wunden zärtlich berührt, so dass sie nicht mehr schmerzen, sondern zu einer Quelle der Lebendigkeit werden.

Der Heilige Geist ist nicht fern von uns. Und er ist nicht abstrakt. Er ist genau dort am Werk, wo wir am meisten an uns leiden. Dort ist er schon in uns. Es braucht nur unsere Offenheit, dass wir unsere ganze Wirklichkeit, all unsere Nöte dem Heiligen Geist hinhalten. Und das tun wir nicht so gerne. Wir möchten sie am liebsten vor uns selbst verstecken. Doch dann schwären die Wunden unbewusst weiter. Und es braucht offene Augen, damit wir das Wirken des Heiligen Geistes in uns wahrnehmen.

Wir feiern an Pfingsten nicht nur, dass der Heilige Geist die furchtsamen Jünger bewegt hat, aus ihrer Verschlossenheit auszubrechen und Gottes große Taten zu verkünden. Wir feiern an Pfingsten das Wirken des Heiligen Geistes heute mitten unter uns. Der Heilige Geist ist jetzt unter uns, um unser Nebeneinander – und oft genug Gegeneinander – in ein neues Miteinander zu verwandeln. Wir brauchen dieses Fest, um den Heiligen Geist zu erkennen, der in den neun Grundnöten unseres Lebens am Werk ist. Und wir brauchen dieses Fest, damit wir alles, was uns bedrängt und gefährdet, was uns bedrückt und verletzt, in das Feuer des Heiligen Geistes halten, damit die Liebe, die durch den Heiligen Geist in unsere Herzen ausgegossen ist, alles Dunkle und Harte, alles Vertrocknete und Verwundete, alles Bittere in uns durchdringt und verwandelt.

Pfingsten ist die Erfüllung von Ostern, die Vollendung der Auferstehung. An Pfingsten feiern wir, dass der Heilige Geist die Auferstehung Jesu in uns geschehen lässt, dass das Leben und die Liebe auch in uns für immer siegen. So wünsche ich Ihnen ein gesegnetes Pfingstfest, das Vertrauen, dass der Heilige Geist alle Ihre Nöte und Gefährdungen wendet und überwindet, dass das Leben, das Jesus in der Auferstehung errungen hat, durch den Heiligen Geist auch in Ihnen immer mehr zur Blüte kommt.

Zum Nachdenken

- Wann habe ich je die Wirkung des Heiligen Geistes an mir selbst erfahren?

- Wann habe ich mich eins mit mir gefühlt, habe ich aufgehört, mich zu verurteilen, habe ich mich reingewaschen gefühlt – trotz aller Schuld?

- Habe ich schon einmal einem anderen Menschen mit Worten geholfen, die nicht aus mir zu kommen schienen?

Meinrad Dufner

Schlussrede aus dem Pfingststurm

Innen sind sie alle rot,
nur die Gesichter, die Leiber
machen glauben,
es gäbe Weiße und Schwarze,
Rote und Gelbe an Rasse.
Innen sind sie alle rot.

Die Liebesfarbe sollte sie verbinden
und verbindlich sein,
zuinnerst gar.
Mein Blutkreislauf ist
in Jesus mit ihrem Blutkreislauf verbunden.
Die Glut aus Freude und Leben
durchrötet sie alle.

Feiert das Pfingsten
in Rot,
Fest der Kirche, der Kirchen.
Fest aller Christvollen!

Was für ein Sprachengewirr,
ein Schnalzen und Singen,
ein Lallen und Lispeln,

ein Klopfen und Hopsen,
Musik ist ihr Vielsein,
Musik meines Geistes,
weil sie sich pfingstlich verstehen.

Würden sie's gänzlich,
dann beteten sie nur noch in Geist
und Wahrheit,
hätten kein Streiten mehr,
wer und was das Bessere sei,
sie wären Echo meiner Liebe
einander.
Das ist dann
richtigster Dienst für Gott:
»Seht, wie sie einander lieben.«

Diese bunten Christenvögel
durchflatterten alle Welt.
Es grünte das nun folgende Jahr,
Sonntag für Sonntag
ist alles gottvoll gefärbt.

Herausgeber und Autoren

Abt *Michael Reepen* ist seit 1982 Mönch und seit Mai 2006 Abt der Benediktinerabtei Münsterschwarzach.

Meinrad Dufner trat 1966 in die Benediktinerabtei Münsterschwarzach ein, er ist seit 1990 ständig künstlerisch tätig und seit 1991 auch spiritueller Begleiter im Recollectiohaus, Münsterschwarzach.

Rhabanus Erbacher ist seit 1957 Mönch der Benediktinerabtei Münsterschwarzach, er war viele Jahre am Egbert-Gymnasium Münsterschwarzach als Musiklehrer tätig.

Christoph Gerhard trat 1987 nach Abschluss des Elektrotechnikstudiums in die Benediktinerabtei Münsterschwarzach ein; er ist als Prior des Konvents sowie in der Verwaltung der Abtei und als Geschäftsführer der Vier-Türme GmbH tätig.

Anselm Grün ist seit 1964 Mönch der Abtei Münsterschwarzach, seit 1977 der wirtschaftliche Leiter (Cellerar) der Abtei und viel gelesener spiritueller Autor.

Pirmin Hugger ist seit 1961 Mönch der Abtei Münsterschwarzach und leitet seit 1976 die Abteibibliothek.

Abt *Anastasius Reiser* trat 1989 in die Benediktinerabtei Münsterschwarzach ein, er absolvierte eine Lehre zum Silberschmied, arbeitete dort in der Jugendarbeit und leitete das Lehrlingsinternat St. Plazidus. Seit 2006 ist er Abt der Missionsabtei Peramiho in Tansania.

Fidelis Ruppert ist seit 1959 Mönch der Abtei Münsterschwarzach. Er war Präfekt im Internat St. Maurus des Egbert-Gymnasiums Münsterschwarzach. Von 1979 bis 1982 war er Prior, von 1982 bis 2006 war er Abt der Abtei Münsterschwarzach.

Dominikus Trautner trat 1978 in die Benediktinerabtei Münsterschwarzach ein, er wirkt dort als Organist und ist Dozent für Kirchenmusik an den Musikhochschulen Würzburg und Frankfurt.

Mauritius Wilde ist seit 1986 Mönch der Benediktinerabtei Münsterschwarzach und seit 1999 Leiter des Münsterschwarzacher Vier-Türme-Verlags.

Die Fasten- und Osterzeit spirituell erleben
Für das Lesejahr A

Michael Reepen (Hrsg.)

Du schenkst Licht und Leben

Ein österliches Lesebuch
aus dem Kloster

134 Seiten, Halbleinen, gebunden
ISBN 978-3-89680-352-8

Im Frühjahr werden die Tage wieder länger, die Natur erblüht in neuer Pracht. Das Osterfest greift diese Erfahrung des Lichtes und des Lebens auf: Es feiert den Gott, der Licht und Leben verheißt.

Das Buch orientiert sich an den Texten aus dem Lesejahr A und bietet zu jedem Sonn- und Feiertag eine Meditation, die eine der jeweiligen Lesungen auslegt.

Die folgenden Münsterschwarzacher Benediktinermönche begleiten Sie mit spirituellen Impulsen durch die Fasten- und Osterzeit:

Abt Michael Reepen, Anselm Grün, Jonathan Düring, Dominikus Trautner, Meinrad Dufner, Fidelis Ruppert, Mauritius Wilde, Christoph Gerhard, Pirmin Hugger, Anastasius Reiser, Isaak Grünberger

Vier-Türme-Verlag, 97359 Abtei Münsterschwarzach
Telefon 09324/20 292, Telefax: 09324/20 495
E-Mail: info@vier-tuerme.de
www.vier-tuerme-verlag.de

Die Fasten- und Osterzeit spirituell erleben
Für das Lesejahr C

Michael Reepen (Hrsg.)

Erwacht zu neuem Leben
Ein österliches Lesebuch
aus dem Kloster

140 Seiten, Halbleinen, gebunden
ISBN 978-3-87868-207-3

Zu neuem Leben erwachen ist eine Erfahrung, die viele Menschen im Frühjahr machen. Für Christen ist das auch ein Geheimnis, das sie im gesamten Osterfestkreis feiern. Die Zeit zwischen Aschermittwoch und Pfingsten steht deshalb auch für die Begegnung mit Gott, der Möglichkeiten eines neuen Lebens verheißt, das weit über den Tod hinausgeht.

Das Buch orientiert sich an den Texten aus dem Lesejahr C und bietet zu jedem Sonn- und Feiertag eine Meditation, die eine der jeweiligen Lesungen auslegt.

Die folgenden Münsterschwarzacher Benediktinermönche begleiten Sie mit spirituellen Impulsen durch die Fasten- und Osterzeit:

Abt Michael Reepen, Anselm Grün, Jonathan Düring, Dominikus Trautner, Meinrad Dufner, Rhabanus Erbacher, Mauritius Wilde, Christoph Gerhard, Pirmin Hugger, Anastasius Reiser, Basilius Doppelfeld, Pascal Herold

Vier-Türme-Verlag, 97359 Abtei Münsterschwarzach
Telefon 09324/20 292, Telefax: 09324/20 495
E-Mail: info@vier-tuerme.de

www.vier-tuerme-verlag.de

Von Ostern bis Pfingsten

Anselm Grün

Die Osterfreude auskosten
50 Impulse

160 Seiten, Halbleinen, gebunden
ISBN 978-3-87868-145-8

Ostern ist das Fest der Freude. Hell und froh will es den Alltag des Menschen machen. Und dennoch kennen viele eher den „Kreuzweg" als einen „Auferstehungsweg".

Aber wie soll man das Fest von Ostern begehen und seine Freude wirklich auskosten? Anselm Grün führt in das Geheimnis von Ostern ein. Er deutet seine reiche Symbolwelt und faszinierenden Gestalten.

Der Leser kann die sieben Wochen von Ostern bis Pfingsten bewusst als einen Weg zu neuem Leben zelebrieren. Oder er kann direkt an Ostern oder jedem anderen Tag des Jahres sein persönliches Fest der Auferstehung feiern.

Mit 50 Impulsen und konkreten Übungsvorschlägen hilft Anselm Grün jedem, der seinen Alltag im Licht von Ostern froher und heller gestalten will.

Vier-Türme-Verlag, 97359 Abtei Münsterschwarzach
Telefon 09324/20 292, Telefax: 09324/20 495
E-Mail: info@vier-tuerme.de
www.vier-tuerme-verlag.de

Auch als Hörbuch erhältlich

Anselm Grün
Hans-Jürgen Hufeisen

Die Osterfreude auskosten

Hörbuch-CD, 74 Minuten
ISBN 978-3-87868-970-6

Gesprochen von Pater Anselm Grün
mit meditativer Instrumentalmusik von
Hans-Jürgen Hufeisen

Die Meditationen von Anselm Grün und die Flötenimprovisationen von Hans-Jürgen Hufeisen führen in das Geheimnis von Ostern ein. In sieben Schritten deuten sie die Auferstehungsgeschichten und die Geschichten von der Himmelfahrt und von Pfingsten für unser Leben.

Der Hörer kann die sieben Wochen von Ostern bis Pfingsten bewusst als einen Weg zu neuem Leben zelebrieren. Oder er kann direkt an Ostern oder jedem anderen Tag des Jahres sein persönliches Fest der Auferstehung feiern.

Vier-Türme-Verlag, 97359 Abtei Münsterschwarzach
Telefon 09324/20 292, Telefax: 09324/20 495
E-Mail: info@vier-tuerme.de

www.vier-tuerme-verlag.de